棒球拾夢

—— 十位棒球人的傳承故事

王思澄　著

黃德森

滑浪風帆亞運銀牌得主
(1994 及 1998 年)

我與棒球運動的緣，早於孩童時期。在赤柱長大的我，每當經過聖士提反書院時，總見許多人在球場上打棒球，後來有人到我就讀的學校招生，學生們均獲發一張家長同意書，填好後即可參加棒球運動。但最終家人沒填，我亦因而錯過了與棒球結緣的機會。由於赤柱近海，後來接觸的運動，便以滑浪風帆等水上活動為主。

退役後，2008 年加入香港運動員就業及教育計劃（HKACEP），希望以過來人身份，幫助多位參與計劃的運動員轉型。後來在完成輔導碩士課程後，在 2014 年，終有機會跟棒球運動結緣。

2014 年世界盃女子棒球賽，香港代表隊出賽前，我獲邀為球員進行賽前心理輔導，為的是提升女子隊心理質素，應對賽事場上許多千變萬化。當時，結識了不少女子隊主將，包括卓莞爾（Air）。當年在出發前的授旗典禮上，Air 獲民政事務局頒發「最勇敢球員獎」，以讚揚她在 2010 年委內瑞拉世界盃女子棒球賽中因流彈意外受傷，經過康復後再次出征世界盃賽事。

Air 其後成為 HKACEP 的成功例子，2014 年到大學修讀運動醫學及健康科學碩士課程，學習傷患預防及處理知識，完成課程後從退役運動員成功轉型到大學任教。

我在 HKACEP 八年多以來，最能感受到協助退役運動員轉型，

其實也是一種薪火相傳。當 Air 成為退役運動員的良好楷模，她就有機會以過來人身份，協助其他退役運動員轉型，然後，成功轉型的個案再協助更多退役運動員⋯⋯

《棒球拾夢——十位棒球人的傳承故事》記載着十個棒球人承傳與傳承的故事。作為精英運動員和教練，最能明白運動員如何透過汗水的努力，爭取好表現，爭取加入港隊，不斷突破自己，成為紀錄。尤其棒球運動，在不列入精英運動的情況下，在相對不多的資源下，不論男子隊或女子隊，仍能發展到今時今日的成績，我看見的，是幾代球員和有心人的努力成果！

「打棒球沒出色」的說法，早已不合時宜。不論家長或社會人士都可以看到棒球運動員的付出與投入，為港隊屢創佳績而打拚。

運動員的理想，其實很單純也很直接，大家也經歷過長期的艱苦訓練，以及無數挫折與失敗，才有今天的成就。

我由衷地推介這本書給每位運動員、每位希望走上運動員生涯的年輕人。書中棒球人對棒球運動的熱血與義無反顧，很值得任何運動員細閱與借鑑。沒有前人傻勁的付出，就沒有當下的發展。自古成功就是勇於嘗試，甘願接受挑戰，才能不斷闖高峰。這都是運動員該有的核心價值。

我期望不久將來當有人想起隊際運動，便自然而然地想起棒球運動。年輕運動員，繼續進擊吧！

何李慧賢（Auntie Grace） 深水埗棒球會義工

輕如一根羽毛，重如一斤銅鐵，都有它們的歷史；如何得知，便靠着爬格子的文人，跟大家演繹！

此書筆者描述的人物，有的是提供義工服務，有的是自小在球圈成長的球員。

義工就像螞蟻般，見事幹事，遇難解難。在香港各大小球會中、球隊中，都出盡寶貴人力資源；人事人脈，凡事像螞蟻遷家，不論成果，默默耕耘！

而自小在球圈中長大，無論現在是長是幼的球員，都為棒球歷史注入文字。

年長一輩，他們有着最沉痛的經歷，切身了解棒球資源不足之處。在缺乏資源下努力把棒球打好，傳承！再以身教，全情投入當義務的帶領者，多年來為着棒球的未來打下不少起步點！

年幼球員，逐漸長大，秉承傳統，跟棒球並肩，除當球員外，還當上教練，協助各球會球隊訓練小朋友。近年也樂見他們晉身香港棒球總會的管理和籌劃工作上。

驟見棒總加入了新的人力資源和新的面孔，年輕人帶來的，是

新朝氣、新意念、新思維。他們面對艱難而不畏懼，我見到的都是好的！但希望是更好、最好！等着、冀盼着！香港棒球總會應責無旁貸，帶領大家向前走。

呂振邦

追逐世界夢

「今天是真、明天是夢,只要努力,夢可成真」。我們小時候常常懷有天真的夢想,但是隨着歲月流逝,夢想會變得較為貼地,全因我們學會懂得衡量自身的條件來做夢。30 年前,若然我以「香港棒球可以踏足世界舞台」為夢想,相信不少人會覺得這是天真輕狂的想法;因為棒球在當時香港是一項冷門的運動,不被重視,亦沒有政府或商業機構的資助。但在今天,憑着一群無名英雄的默默耕耘,距離世界舞台已只是一步之遙。令我相信只要努力奮鬥,如何天真的美夢也能實現。

在因緣際會下,我與棒球結下了一份不解之緣。我由一位棒球初哥到組隊參加棒球聯賽,也曾拿下冠軍,後來成為香港棒球總會第一批註冊教練,再獲選為香港棒球總會董事,不但見證了棒球運動在香港的發展道路,還看到一群懷着相同夢想的有心人,一步一步的追逐世界棒球夢。

我很榮幸為本書作序。作者走訪十位在不同崗位為香港棒球運動作出無私奉獻的朋友,細味香港棒球運動在數十年來的發展,實是一個「獅子山下」式的奮鬥故事。在香港棒球發展的圖譜裏,由李錦泉先生和麥年豐先生作為先鋒,籌建及成立香港棒球總會,推廣棒球運動;到第一代香港代表隊隊長李一強先生認為要推廣棒球,便需要培訓更多的教練,讓更多人認識棒球,

所以積極設計及主導培訓教練的工作。經過這些前輩們的多年努力，棒球漸漸獲得社會和政府的認同，為區穎良先生和楊杰玲小姐等締造出一個理想環境，香港男、女子代表隊分別跟世界列強逐鹿，至少要讓其他國家知道：香港是有棒球運動的。再加上黃期先生在裁判專業化方面的改進，並得到胡雪岡先生等家長們的支持，使一些像譚浩賢和劉芷芊等年輕而具潛質的球員充份發揮所長，使香港代表隊發熱發光。而港隊投手趙嗣淦更加史無前例的參與競逐外國職業棒球聯賽，真正踏足世界舞台，讓香港棒球運動一飛沖天。

我想藉此良機向恩師趙耀靈先生致敬。趙先生在總會成立之初，便當上總會期刊《上壘》的主編。他透過《上壘》，讓各屬會、會員、政府，甚至社會大眾緊貼香港棒球推廣的情況，數十年來，風雨不改地為期刊準時出版而忙碌。早年趙老師視力已大不如前，但仍然堅持使用放大鏡校對文章，從不言苦，至近年才正式退下來。每當回想他工作的情景，腦海便浮現出「丹鉛狼藉，几案紛披」這兩句，真是「聞之者動容，受之者淪髓」。老師對工作的熱誠，堪作我等後輩的楷模。

成功從來得之不易，我有幸能夠成為棒球發展歷史的一員，看着整個棒球運動由零開始，把從前有錢人才有機會參與的玩意，變成現在普羅大眾也能接觸的運動，見證了香港男子棒球隊衝擊亞洲各項賽事和香港女子棒球隊走上國際舞台的歷程。這讓我深深的明白到「生命有限，活無限」的真義：雖然個人的生命有限，香港棒球運動可以世世代代延續下去。立足在前輩們所建立的牢固基礎上，傳承他們的夢想，希冀完成他們未完成的重責──讓香港棒球揚威國際的夢想！

王思澄

這是一本關於棒球人的書。這是一本屬於香港人的書。

書中十位棒球人物，十段起承轉合的故事，當中看得見熱血，
看得見窮一輩子織夢和捕夢的堅執。細味他們的進化史，不難
發現那正正是香港人的專屬特質──勤奮不放棄、堅毅敢承擔，
還有勇於面對挑戰、拚起勁向前衝⋯⋯

怎麼樣的特質，育養出怎麼樣的人。「全港第一人」、「超級義
工」、「沒計較回報的傻人」、「沒有他就沒有今天的棒球運動」
等等，統統也跟十位棒球人牢牢扣連一起。透過文字整合拼湊
出來的，段段發人深省的傳承故事，等着任何人幫忙發揚光大。

或許有人問，棒球，與筆者何干？

首次接觸棒球，在中學某節體育課。也忘了上了多少節，反正
就是有玩得開心的回憶。

多年後，我把兒子帶到香港棒球總會舉辦的地區推廣班，這跟
我的中學回憶是否存在什麼因果關係？不好說。但見兒子最初
感覺棒球不怎麼刺激，到後來成了棒球小專家，不時在賽事現
場向看得莫名其妙的家長（如我）解釋球例，每天在網絡的收
看清單中，必有棒球的份兒，再到近年加入地區球會，參加本
地少棒聯賽⋯⋯

小兒跟棒球結緣的歷程，與許多棒球人一樣，也如書中幾位人物類同——家長帶孩子到球場，孩子愛，通常爸媽也愛。

棒球場上，實實在在有許多關於家庭故事的「通常」。

通常孩子打棒球，爸媽也學着玩，玩起來甚至比孩子更熱血；通常小朋友選擇繼續留在球場時，爸爸最有機會當隊經理，媽媽就當隊媽；通常爸媽延續棒球興趣時的常見角色，除了球員，就是助教、記錄員、裁判等；通常爸媽帶兩姊弟或兩姊妹到棒球場，誰個是姊姊，誰個就會被球場上下呼喊「家姐」；通常仔女離場，爸媽也跟着離場⋯⋯

家庭運動的本質，就是當棒球跟「家庭」連上，除整個家庭上下參與之餘，那些長幼有序、尊師重道等規範，局中人定必默默堅守。與其說大家是墨守成規，不如說這早已成了該項運動的文化資產。

猶記得一次跟兩代棒球運動員飯聚，飯後各自在停車場準備駕車離去，卻見三人之中的後輩趙嗣淦，畢恭畢敬地站在一角，待前輩李一強的座駕經過時，點頭示意再見後，才緩緩返回車廂。

在學習棒球技術和知識前，得先學懂尊重。棒球前輩們不時在訪談期間溫提。例如進出球場要脫帽行鞠躬禮，遇見教練、學長等前輩要脫帽問好等。球場上兼收並蓄的品德，也就成了大家的生活態度與規範。

尊重以外，還得合作無間，那是棒球作為團體運動的體現。本書得以趕及書展前付印，除要感謝出版社編輯的包容、攝影師

們的仗義幫忙外，沒有書中人物的通力協作，也勢難成事。

從敲定人物、聯絡約訪、找尋舊照等事宜，總是一呼百應、義不容辭伸出援手。彼此的合作無間，猶如把鏡頭移往棒球賽事現場，場內隊友們的共同目標，就是要打一場精彩賽事，讓普羅大眾好好記住這個歷史時刻。於是盡把棒球人慣性的團隊合作精神，發揮得淋漓盡致。因為，棒球事，就是他們的事。

香港棒球人的同質性尤其高。每一代人、每到一個發展里程，總有他們口中的「傻人」，在堅守、在奮進、在傳承……默默地進行中，就算從不起眼。他們的過去，就是我們的當下。

從全港第一隊華人少棒隊，到棒球運動的專屬總會，歷時幾近廿個寒暑；從沙燕隊到地區球會遍地開花；從沙泥球場到港隊固定訓練場地；從港隊第一代到 Z 世代；從鮮有牛頭角張三李四參與到來者不拒；從國際賽事零經驗到男子隊世界排名30……全都是從零起始。

「至少現在有人知曉棒球和壘球是兩回事」、「至少有個港隊固定訓練場地」、「至少穿起棒球服也不會被路人甲誤認是在學劍擊」……棒球人在訪談時的綜合註腳。

種子要繼續撒出去。傻人一號、傻人二號、傻人三號……傻人十號之外，其實尚有很多，而且會有更多更多。致所有過去、現在與未來的熱血香港棒球人。

目錄

香港棒球之父
從少棒聯盟到香港棒總

李錦泉

LAURI

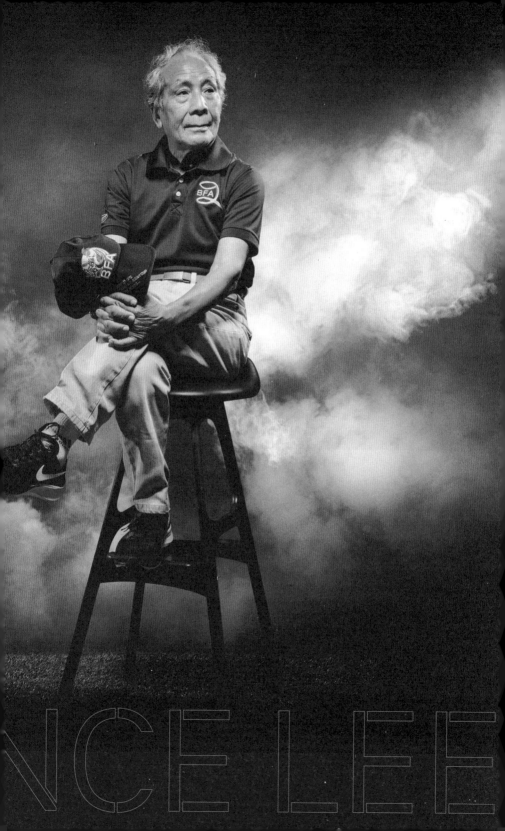

有團火，一直為李錦泉引路。從香港少棒聯盟
走到香港棒總，伴隨他跨越40個年頭。他以「義
工」概括那些年的義無反顧與勇往直前，旁人
卻以「棒球之父」作為他那大半生的註腳。

「香港棒球運動沒有李錦泉（李 sir），便沒有今天。」有人說。

李 sir 卻有這樣的理解：「沒有『林主任』，便沒有今日的李錦泉！」

實情是，李 sir 那團棒球的「火」，也得靠「林主任」助燃。時間線要往前推至七十年代⋯⋯

那時候，負責推動本港體育運動的政府部門康樂體育事務署（Recreation Sport Services，下稱「康體署」），有位名叫林亮平的主任，剛巧熱愛棒球運動。該署舉辦的全港首屆兒童棒球訓練班，正是由他當旗手。

「參加訓練班的學員不少來自基層家庭。那年代，爸媽趕忙工作無暇照顧孩子，幾乎都是基層家庭的寫照⋯⋯」要李 sir 分享往事，他常以「太久遠的事，忘記得七七八八」回答，畢竟已年過八十！還好，尚有零散的記憶幫忙，只是他那謹慎的個性，常常要跑出來驗證一番。

「要向政府求證一下」、「要向香港少棒聯盟求證一下」⋯⋯李 sir 十句回話中，總附帶一兩句類似的溫馨提示。

記得首屆兒童棒球訓練班，舉辦當局或許想為孩子找個做運動的理由，或許想助爸媽找個鬆口氣的機會，逾十名學員這就一起接受十天訓練課程，還有日籍教練當主教。那年代這派頭，棒球運動算得上是冒起「新星」。

只是，十堂課後，首屆訓練班卻成了唯一。

「場地是問題，棒球本身是費用不菲的運動，也變相不鼓勵人參與。當時最便宜的手套，就是某日本品牌的也得 300 元一隻啊，一般家庭怎負擔得來？」

首屆訓練班雖由政府牽頭，但那些日本隊或美國隊練習或比賽時必穿的棒球制服，卻沒有計算在訓練班的成本內，兒童學員到球場時只需身穿輕便的運動服和波鞋。手套是有了，但訓練班完畢後便得歸還康體署。

準是艱難，訓練班在那年盛夏登場！李 sir 家的三個小不點，順理成章成了首屆訓練班學員。每周一天訓練，李 sir 很享受當「跟得爸爸」。孩子在學習基本功，他就在場外邊看邊學，還適時化身球童。

李 sir 與康體署林亮平主任，只在開班首天碰過面寒暄幾句，但不知怎的，二人之間湊合的緣，連上了香港棒球運動發展。首屆訓練班的結業禮上，他倆談起棒球運動來⋯⋯

林主任：有沒有興趣做義工？帶領該批球員，再加入數名新成員，組成一支華人兒童棒球隊⋯⋯目標是加入香港少棒聯盟（Hong Kong Little League）。

李 sir：有啊！但有何條件？

林主任：沒有。只要你愛照顧小朋友，願意當個（義務）領隊即可。

香港少棒聯盟於 1972 年成立，是二戰後首個在本港推動青少年棒球運動的非牟利團體，負責管理的，一直以來也是日本人和

美國人為主。其總部世界少棒聯盟 1 位於美國賓夕凡尼亞州威廉波特（Williamsport）。

義務工作於李 sir 而言，非新鮮事，工餘時他也愛隨神父一起走入社區探探長者或病友，例如鋼綫灣前痲瘋院、肺癆病院、義莊等，都是甚少有人願意前往之地。既然林主任親自邀請，他即時爽快答允。只是，為何偏要是李 sir「被選中」？

「或許他（林主任）見我在孩子訓練班的投入度高，訓練班的畢業禮上又只我一位家長出席，才主動跟我聊，看看如何延續

1　世界少棒聯盟：Little League Baseball，簡稱 LLB，於 1939 年成立，目前分會遍佈全球超過 144 個國家，參與人數超逾 220 萬。

訓練班的理念，特別想讓那些乏人照顧的孩子多參與健康的體育活動。」

一直以來，棒球運動常與「冷門」二字扣連，七十年代更甚。哪來的動力令李 sir 把自己和孩子都送到棒球場上去？

「我喜歡與我的小朋友到大自然遊玩，行山常常是一家人的假日活動。當年許多日本人和美國人因工作關係，一家大細來到香港暫居。每逢周日和假期，他們都帶孩子聚集赤柱兵房或聖士提反書院的運動場舉行棒球活動。知道嗎？許多外國家庭也視棒球為家庭運動，一家大細周末跑到球場去，還帶備三文治等，餓了就在球場吃……有趟我和家人行經聖士提反，見有外籍

人士在打棒球，很有趣，很想找機會給孩子玩玩。」

康體署舉辦的首屆兒童棒球訓練班，是啟動李 sir 義務崗位的契機。但他沒料到，與棒球命定的緣，竟風雨同路 40 載。

「訓練班後，我按康體署林主任的提議，嘗試領着一隊球員入香港少棒聯盟，但棒球運動的裝備開支，尋常家庭實在難以負擔啊！」

運動而已，負擔會有多難？

手套，最便宜要 300 元；聚餐費 2（沒錯，是聚餐，每年一度），按人頭計每位由 80 至 100 元；還未計算每名運動員必備的棒球衫褲、球具、其他裝備用品和參賽費用呢⋯⋯

「每年每隊的開支，至少兩萬元！」

七十年代啊！一頓聖誕大餐才 20 元 3，大學講師每月工資也是 3,000 元左右 4 ⋯⋯

基本入場費之高，也把學習棒球的門檻拉得特別高。不說別的，每年在 4、5 月舉行的聚餐活動，當年聚餐的熱門地──銅鑼灣碧麗宮、九龍四季酒店和海天酒樓等，也非一般市民進出之地。

2　年度聚餐：少棒球隊每年也按傳統舉行聚餐活動，原意是在完成一年訓練後，球員與教練等能夠坐下來歡聚一番。一般在 4、5 月舉行。

3　參考資料：《香港 01》，2016 年 12 月 22 日，「【考古】雜果咯嗲、焗意粉區加甸 30 至 70 年代聖誕餐要花一成人工」。

4　參考資料：《香港經濟日報》，2013 年 3 月 21 日，「人工升幅跑贏通脹？」。

「棒球運動的文化傳統啊！教練和球員一般也熱衷參與，最初每人大概要付 70 元左右，到後來百多元，始終對基層來說，不是容易掏出來，有時候有三兩位真的無法支付的，我便代付聚餐費，志在跟全隊人一起參與。記得我帶領的球隊首次參加聚餐，球員們既興奮又緊張，始終是第一次嘛！那趟吃的是西餐，孩子們都沒甚經驗，我便逐一教他們如何使用刀匙叉、餐桌禮儀……對小朋友而言，是不錯的體驗，也順道見見棒球界的前輩。」

少棒聯盟的聚餐傳統，一直至今。每到年底，各球隊也來聚一趟，除了球員和教練開懷歡聚外，其後還多了家長參與，算是一年努力的總結和重新出發。後來香港棒球總會成立後，許多地區球會也有類似的聚餐活動。

不過，先不用說聚餐，對許多基層家庭而言，連棒球運動最基本的裝備也沒能力添置，他們的孩子如何再喜歡棒球，那些成立華人少棒球隊的初心，恐怕只能算是紙上談兵。

「我找上當時負責香港少棒聯盟的日本人齋藤操先生（Misao Saito），跟他說我所帶領的球隊，球員大多來自基層家庭，學習棒球費用昂貴，叫他們怎麼負擔得來？ Saito 先生聽了後，猜他怎樣回覆？他說：『好的，Laurence（李 sir 洋名），我們免去球員的所有開支，棒球服可用二手的，每完成一年訓練後，球員自行把把衫褲洗淨後送到藍塘道日本人學校寄存即可，至於報名費，就找日本公司贊助好了。』」

及至八十年代，少棒聯盟球隊主要訓練場地移師天光道的英皇佐治五世學校（KGV），歷屆球員的二手棒球服獲安排存放學校的儲物室內。

香港少棒聯盟成立後，所有少棒聯盟的球隊均可報名參加年度少棒聯賽。

齋藤先生千金一諾後，本地首支華人少棒球隊正式成立。每個周日，都是球隊的恆常訓練日，好為年度賽季作準備。

七十年代前，大部分球隊會各自安排在周日進行球賽活動。香港少棒聯盟成立後，即把棒球賽事常規化，所有少棒聯盟的球隊可報名參加年度聯賽。每年賽季一般由 9 月或 10 月起，至翌年 4 月左右完結，之後隨即又開展新一年的恆常訓練。

「剛剛開始訓練時，是炎炎夏日的日子，我和太太一般會預早一天買多罐可樂汽水放入冰箱，訓練當日放入一個大保溫箱內，汽水得以盡量保冷，待球員們當日完成訓練後飲用解渴，一人至少有一至兩罐。有時候，還會預備些三文治等小食，讓他們有些食物充飢。」

隊中球員，有六、七位家住長洲，要乘船跑到老遠練習。許多人看來微不足道的開支，卻隨時把他們拉離棒球場，李 sir 於是連船費也替球員想方設法。

「每人每次的來回船費，大概兩、三角吧！我就替他們支付好了。」

本地華人少棒球隊新成立不久，尚未有固定場地。每逢周日練習，教練與球員猶如遊牧民族般，港九新界可以用作訓練的，他們幾乎都到過。從獅子山轉往京士柏，從赤柱炮台到何文田⋯⋯只是部分場地如黃泥涌峽道（即木球會現址），場內碎石之多，球員們根本無法進行劏壘等訓練，只能練習傳球接球！但有場總較沒場好，偶爾還有機會到位於何文田的英皇佐治五世學校練習，那裏有大片草地，李 sir 便可跟球員進行劏壘及打擊等訓練。

「我跟大家說，周六要做好功課和完成溫習，還要早睡，翌日才能全心全意練習。通常我們是半天練習，另外半天跟聯盟其他球隊打友誼賽。」

英皇佐治五世學校，到八十年代成了少棒球隊訓練的主要場地。李 sir 每當提起，他那臉上的喜悅，彷彿整個人也回到過去，再次經歷那些年的球場歲月——嫩綠的草地上，三、四隊球隊各據一方，分別練習劏壘、打擊，或打友誼賽。球場四邊也是「寸草必爭」，其他未獲安排在場內訓練的少棒球隊，便在旁練習傳接球。

「那是當時我們最好的訓練場地，沒沙石，球員不易受傷⋯⋯」畢竟曾是李 sir 與球員們共同奮進的訓練場，許多回味場景，也在那裏發生。

李 sir 近年重返 KGV，感慨過往綠草如茵的真草地球場已不復見，給現時的人造草場取代了。

「之前球場靠近學校行車路的一邊都是斜坡，後來才換成大樓梯⋯⋯」李 sir 近年重回英皇佐治五世學校的球場，多年前的綠茵草地已不見了，數個仿真草足球場霸氣地展示它的存在價值。

「那些大樓梯尚在啊⋯⋯」李 sir 猶如遇上多年沒見的老朋友，有驚喜，也有緬懷。因為，樓梯在，那保存已久的回憶猶在。

「當年家長來看孩子打球，都要坐在斜坡上，蠻辛苦又危險，於是我們忽發其想，不如把沿馬路的斜坡改為樓梯，方便大家進出，家長又可坐在梯級上睇波。」

坐言就立刻起行。少棒聯盟於是找上日本「清水建設」，該工程公司一口答允，還義務幫忙為場內斜坡進行修整工程。

「也忘記了工程進行了多久，反正沒多久就完工了。為讓家長坐得較舒適，最後把樓梯的高度弄成半米高，面積特地弄得闊一點，約一米左右⋯⋯」

提起那又長又闊的樓梯，那年代少棒聯盟球隊的家長，必定有許多難忘又珍貴的回憶，也在那裏發生。

「家長們自備食物飲品，訓練完後就在大樓梯上舉行每月生日派對，為球員慶祝，又邀請教練一起參與。每到聖誕，大家又在那裏歡聚⋯⋯」

點滴的堆砌，是當初對棒球運動承諾的發展與進化。李 sir 領軍的少年棒球隊，透過定期的訓練和比賽，也在進步、在成長。

球隊每周的恆常訓練，為的是要在香港少棒聯盟的年度賽季⁵中，看看自己的實力，也有機會跟其他強隊比拼。賽事過後，聯盟一般會在芸芸參賽隊伍中選出最佳隊員，組成明星隊參加亞太區比賽，而在該賽事中勝出的隊伍，更可出征美國賓夕凡亞州威廉波特，參加由世界少棒聯盟舉辦之「世界少年棒球大賽」（Little League World Series）。

不過，這個關係圖，對香港的少棒代表而言，純屬參考。香港少棒聯盟組成的「明星隊」，從未獲得過「世界少年棒球大賽」的入場券，當年亞太區代表隊的稱號，幾乎都是屬於台灣隊。畢竟，不論在場地或資源配套上，香港只能尾隨台灣之後吃力地追趕着。

「香港球員對棒球的知識均由零開始，訓練時間也較短。不如美國、日本或台灣球員，從小已認識棒球，並參與訓練和比賽，

所以我們相對吃虧。每每跟這些球隊比賽時，較難上壘取分，只能捧蛋收場。作為教練，訓練時用上許多時間教導球員基本動作，而比賽技巧則相對較少觸及……當時只能與球員一起發揮阿 Q 精神，只求參與不問成果。」

的確，獎盃獎牌總是隔岸觀之，李 sir 的球隊卻很享受。

「我把球隊的隊名改作『熊貓』（Pandas），此乃參考中國戰

5　當時少棒聯盟舉辦的聯賽，組別分為 Minor B：6 至 9 歲（最初期尚未有足夠球員開 Minor B）；Minor A：10 至 12 歲；Major：10 至 12 歲；Junior 13 至 14 歲；Senior：13 至 15 歲；Big League：16 至 18 歲。部分組別的年齡有所重複，為的是要照顧球齡淺但又較年長的初學球員。

前著名棒球隊『熊貓』，只要是在內地打棒球的，都一定聽過中國熊貓隊，那是由『中國棒球之父』梁扶初先生在上海成立的球隊。梁先生很多棒球相關的著作，很具參考價值。」

熊貓之名雖別有意思，卻不是人人給讚。

「我們不時被友隊嘲笑說球員猶如熊貓般，既跑不動，動作更是慢吞吞的愛理不理。」一笑置之，是李 sir 與隊員們共同面對的「策略」。

「棒球源自外地，球場上有機會遇上不同國家的隊員，以及他們的球場文化。例如美國球隊輸了波，教練會跟球員說 never mind 等等鼓勵性的說話，若換轉是日本球隊，教練就罵得超狠，粗口也出來……我教波就特別注重球員的團隊精神和個人品格！每位球員，我也這樣教──見教練要除帽叫早晨，練完波要向教練除帽鞠躬，用完場地要喊『多謝球場』，又鼓勵他們勤力讀書、孝敬父母、尊重長輩，例如進出大廈或商場時遇見公公婆婆，便開門讓他們先過……」

球場內外，李 sir 不時化身榕樹頭下講故人，愛跟球員說道理，也愛感受和分享棒球圈的所見所聞。棒球運動的世界，自有其需要傳承的價值與文化。

「教練一定要教懂球員朗讀少棒球員的誓詞，學棒球的孩子就是要認識棒球運動是怎個回事。基本上每位球員也能朗朗上口。……I love my country and will respect its laws, I will play fair and strive to win……」不只球員，李 sir 亦然。

香港少棒聯盟球員誓詞

I trust in God,

I love my country and will respect its laws,

I will play fair and strive to win,

But win or lose, I will always do my best.

我信賴上帝。

我愛我的國家，我會尊重國家的法律。

我會公平競爭，而且努力求勝。

但是，不論勝或敗，必定全力以赴。

李 sir 當教練多年，想必桃李滿天下，為香港棒球界孕育許多良將，他卻以「沒有啊」、「都想不起他們的名字來」作簡單回覆。但愛說故事的長輩，有些事總是忘不了。

「學生之中，有兩兄弟隨我學習棒球多年，其後二人到美國讀書，湊巧他倆居住的社區舉辦棒球班，當地人見兄弟倆的球技好姿勢又正統，於是聘請他們為棒球班教練，每小時 45 美元。當年是八十年代啊！很不錯的收入，足以幫補他們的生活費開支⋯⋯」

「教 100 個學生，能有半個培育成材經已很感恩⋯⋯」連番苦纏追問下，李 sir 終於娓娓道出「李一強」[6] 的名字來。

「李一強是令我最感自豪的，他很乖、很聽教、很上進。是一眾球員中對棒球最熱血的。」

6　　李一強：見本書第二章。

李一強在棒球場上，給別人取了「屋邨仔」的別名。而「屋邨仔」最初跑到棒球場，純粹是「陪打」。

「當年五歲多的一強，是他的哥哥把他帶到球場來的。由於他未夠年齡入隊，就在場邊幫忙拾球，我看得出他很渴望能參與其中，但對基層家庭而言，如何負擔呢？後來問他是否很想打棒球，他答『是』，我便答應資助他參與球隊及比賽的費用。」

是天賦也是努力，棒球訓練伴隨李一強成長，不一會他已成了球隊的靈魂——投手。香港成立首支棒球代表出征國際賽，他以19 歲之齡當上隊長。

「棒總成立時，他是第一位員工，後來有機會被派往美國職棒

大聯盟球隊 Atlanta Braves 受訓兩星期，回來後跟我分享他自覺在棒球上有很多不足，需要不斷增值⋯⋯」

李 sir 教波教人，嚴人更嚴己。棒球於他，是對原有生活的顛覆。從家長到領隊，從領隊到教練，從尋常百姓到香港少棒聯盟首位華籍家長董事代表。

「我是自學棒球的。由於要教導少年棒球員的知識技術等，需要細心研究及模仿日本人教練如何訓練隊員的方式，於是參考大量英文棒球訓練的書籍，大部分均由聯盟免費提供。八十年代後，我除了是球隊的領隊外，還多了教練身份。當年能教棒球的華人教練經已不多，願意義務教授的更是寥寥可數。我教波的原則，其一是不收費，其二就是要求球員每逢周日全日練波。」

香港少棒聯盟的華人教練，最初以義教居多。直至八十年代，香港時值經濟起飛，華人教練短缺，球隊開始額外付費聘用教練。

「教練費再加上每月大家一起食飯等開支，每隊大概 600 元，12 位球員攤分，每人約 50 元吧！」

「部分家長更私人聘請教練執教，其中一位是棒球老前輩楊家聲[7]，另一位是著名教練黃寶潮[8]，他是二戰時香港第一代棒球員。楊家聲則早於戰前（三十年代）已開始打棒球，師承『中國棒球之父』梁扶初先生。黃楊二人曾與隊友在內地全國運動

[7]　楊家聲：香港第一代參與棒球運動的前輩。早於上世紀四十年代，與黃寶潮參加南華體育會的棒球訓練班，地點在加路連山。

[8]　黃寶潮：香港第一代參與棒球運動的前輩。生前一直致力推動本港棒球及壘球運動發展。

香港少棒聯盟早年在年度公開賽事開鑼前，也會舉行開幕儀式。圖為兩隊最早期成立的兩支華人少棒隊，熊貓隊（Pandas）及沙燕隊（Martins）。

會中勇奪冠軍（1932 年）。其後遇上日本侵華，二戰後回流香港繼續棒球運動。」

雖然，楊家聲與黃寶潮等的球隊給戰爭打散了，但李 sir 曾聽聞有棒球前輩在日本侵華期間，遇過與棒球有關的趣聞軼事。

「日本人見某前輩懂得打棒球，於是叫他一起練波。某趟打友誼賽，某前輩贏了同場的日本人，獲日本人承諾取走大米，能拿多少便拿多少。某前輩見身無可以盛載米之物，於是脫衣脫褲，連原本脫剩的內褲，也脫下來盛米，最後拿了大堆米回家⋯⋯」

日本侵華敗走後，楊家聲與黃寶潮等香港棒球界前輩陸續「歸

位」，有當教練的，也有積極參與棒球或創辦壘球球會。

說起教練，李 sir 那說故事的本領，又出來了。

「八十年代，香港自家訓練出來的首批沙燕隊[9]球員，都成了教練『搶手貨』，不論少棒聯盟或個別家長，也都爭相聘用。畢竟都是由政府投放資源訓練出來的球員，當中不乏優秀者。」

「那年代棒球運動起步不久，教練數目僧多粥少，尤其是好的教練……當教練不是易事，而好的教練，更不是說了便是，除卻傳授技術，教波之餘也要教做人。」

從香港少棒聯盟成立首支華人少棒球隊以來，短短十年之間，本地少棒隊的數目已增至五、六隊，參與棒球運動的孩子，數目更是前所未見。球員的階層結構，也由最初只集中基層，擴闊至後來愈來愈多富有人家參與。家長之中，有警司，也有馬主，做生意的廠商也不計其數。

「每逢訓練前後，總見許多名車靚車停泊在球場附近，家長們管接管送……」

那時候，經濟好了，富裕家庭多了，家長要求的，再不是讓孩子做做運動那麼純粹，起跑線的被發現，能跑贏就是王的價值觀，開始漸趨普及。於是，當教練的供應無法滿足市場需求時，錢便跑出來為問題作結。

---

[9]　沙燕隊：沙田區首支少年棒球隊，由沙田基覺小學的盧光輝校長（已故）成立於 1982 年。詳見第三章。

「八十年代後，不少教練也跟錢掛鈎，正所謂 No Money No Talk ！曾有教練開班時見有新來學員，便主動問學員訓練後是否有傭人來接？有沒有私家車接送等，若有的話，就向那些學員的家長自薦進行私人教授，賺外快嘛！後來愈來愈多教練加入受聘教班之列。」

棒球運動在重新的軌跡上運行推演，巧合地，一個契機又出現在李 sir 跟前。

「我答允協助香港少棒聯盟成立首隊華人少棒球隊後，康體署旋即推薦我成為該聯盟董事，那是首位華籍家長的董事代表啊！多難得也多具意義。猶記得聯盟發起人 Saito 先生跟我說，很希望棒球運動能在香港落地生根，作為在港工作的日本人或外國人，在這裏打棒球只屬閒餘活動，不是為發展，他們如浮萍般早晚也得返回自己國家，所以在本地搞好棒球這支棒，須交由本地人接下，從而定訂長遠發展目標。於是寄望我能擔負此責，盡心盡力去搞。」

那一輩的人，總對承諾有種責任與堅持。當上華籍董事，除了教波，還要四出開會，後來獲選為香港少棒聯盟的海外代表，更要定期到美國總部交流。若是會期撞上自己設計公司承辦的工作，李 sir 索性把工作放兩旁，隻身到外地去。

「當時每年要出席四次例會，跟與會者討論亞太區棒球發展事項。慶幸自己搞生意，工作相對有彈性……」

才任華籍董事沒多久，李 sir 在香港棒球史上再來一個成就解鎖。

想當年，李 sir 每年也要到美國賓夕凡尼亞州威廉波特，出席世界少棒聯盟的年度會議。

「七十年代，沙田新市鎮發展，政府想向外推廣沙田，提出『新城市新運動』（New Town New Sports）的口號。當年高級康樂體育主任周啓明跟我說，由於區內幾乎什麼運動也有，唯獨沒有棒球，於是康體署跟沙田體育會舉辦學校棒球訓練班，並邀請香港少棒聯盟合辦訓練課程。我以少棒聯盟華籍董事的身份參加策劃工作，後交沙田體育會籌辦。當時我們廣邀沙田區所有學校參加，但學校反應未如理想，最終參加的學生中，大多來自中華基督教會基覺小學 10（下稱基覺小學）。」

每當提起基覺小學，總是聯想到沙燕隊。沙燕隊？不就是開創香港少棒歷史、在香港少棒聯盟的年度公開賽中歷史性地擊敗

10　基覺小學已於 2009 年閉校。

日本隊的少年棒球隊！有看過電影《點．五步》的，定必對他們的成長歷程有所掌握。而沙燕隊的球員基本上全都來自該校。

「由沙田體育會籌辦的學校訓練班完畢後，即成立『沙燕隊』，並公開招募及選拔區內球員入隊，但大部分參與遴選的，主要來自基覺小學。當年逾 60 萬元的資源，全數撥予沙田體育會轄下的棒球組，再由棒球組聘請教練、購買裝備等，為『沙燕隊』提供訓練。當時用作訓練的資源相當充裕，同期最多有四名教練任教，其中一位就是有『山狗校長』之稱的盧光輝校長。由於沙燕隊全是基覺小學的學生，故也被外界稱為該校的校隊。」

1983 年，成立約一年的「沙燕隊」在香港少棒聯盟公開賽中，破天荒擊敗向來稱霸的日本隊勇奪冠軍，牢牢地記印在香港棒球

歷史上。

「那是一場放羊童大衛擊倒巨人歌利亞的現實版！」李 sir 如是說。

八十年代，香港棒球運動發展得最鬧哄哄。當年，也是香港少棒聯盟的全盛時期。

「隨着沙燕隊的加盟，着實為本地華人少棒隊添加不少實力。當時少棒的主教練是我，後來也有兩、三位教練加入幫忙。」

經過多年來對棒球運動的推廣，棒球於普羅大眾而言，雖仍未能跟普及連上，但至少認知程度已從聞所未聞到一知半解，進化至有部分人認識和熱愛。所說的「部分人」，除了訓練班的推廣對象——基層孩子外，更多的是受惠於經濟發展的家庭。

「那些較富裕的家庭能負擔參與棒球運動的昂貴費用，部分家長更認定棒球對孩子成長有着正面作用，於是開始集結志同道合者，着手為讓下一代如何能有更多場地練波、更多資源推動棒球運動、更多人可以參與棒球訓練等，進行討論和探索，最終提出了一個構想和宏願……」

「不如一起籌組成立一個棒球組織……」當年一位熱心家長麥年豐 [11]，推動在香港中文大學舉辦棒球暑期夏令營，活動期間家長們討論香港棒球運動該往哪個方向發展，希望有機會透過整合和集中資源，推動棒球運動前行。

11　麥年豐：香港棒球總會成立後當秘書長。詳見本書第六章。

家長們邀請李 sir 一起對棒球運動進行未來想像。因為大家都清楚明白，沒李 sir 牽頭，也難成事。

「我無才無力喎！」當時李 sir 這樣說。但最終還是勇字放胸前。

「包括我在內，合共九位家長 [12]，都是十分熱愛棒球運動，大家出錢又出力，決定幹一件眾人口中的『傻事』。」

經過兩年籌備，1992 年，香港棒球總會（下稱棒總）正式成立。成立典禮翌年在灣仔海旁的香港會展中心舉行。使命自然離不開推動本地棒球運動發展、培育運動員和教練等。

「一直以來，香港少棒聯盟的球隊主要都是為 15 歲或以下的青少年提供棒球訓練，到後來才擴展至 18 歲的年齡組別。但當年根本沒有制度承接這班訓練有素的年輕球員，不知多少具潛質的球員因而流失。部分球員為了繼續留在棒球圈，便轉型為教練，但許多沒做多久便離場。」

棒總成立後，最當前的急務是為少棒球員建立持續培訓的平台，令他們的棒球生命得以延續。

「其實，那時候許多家長已各自聘請教練，自組球隊訓練和參與賽事，類似的私人球隊早於八十年代後愈見增多。由於家長們深覺各自為政無助本地棒球發展，很想聚合力量。棒總作為一個非牟利組織，目標就是向政府爭取場地和資源發展本地棒球運動。」

於是，各類訓練班猶如雨後春筍。包括地區推廣班、為 18 歲以上球員而設的精英訓練、教練培訓、指導員課程及裁判培訓等。

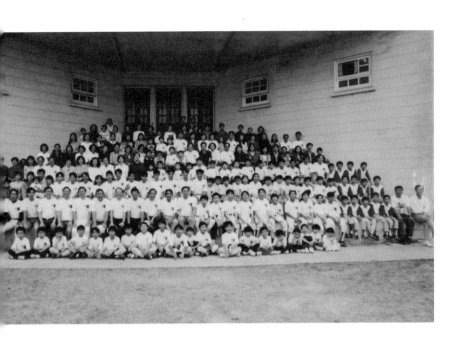

棒總同時設立教練註冊制度，讓棒球運動往專業化發展，跟國際接軌。

除了成立男子港隊參加國際賽事，女子代表隊也在 2000 年後組隊出外作賽。現時的世界排名，男子隊排行 30，女子隊排行第 10。

許多棒球人都說，在先天不足及有限資源下推動香港棒球運動，卻能夠以有目共睹來形容當下的成績。這就是許多棒球前輩們的移山成果。

12 　九位創辦香港棒球總會的家長：李錦泉、麥年豐、周炳洪、郭樹霖、李永權、
　　　馮志堅、鄭素文、李鵬、黃佛濠。

李 sir 在棒總 1992 年成立後獲選主席，經年累月游走於籌辦訓練、國際賽事，以及力爭場地和資源之間，至 2014 年正式退下來。從香港少棒聯盟到香港棒總，近 40 年頭裏，棒球運動的起承變化，他最清楚。

「多年的推動，至少大家也知道棒球跟壘球的分別；街上遇到身穿棒球服的小朋友時，也甚少再聽見有人誤以為是打劍擊的。」

但，場地問題一直都是問題。

「位於藍田晒草灣遊樂場內的棒球場，雖說是港隊指定訓練基地，但原則上要與足球運動分配使用，棒總每月獲編配 45 節訓練時段，用於培訓運動員，其餘 20 至 25 節，則預留予團體及

市民進行棒球或足球活動。」

「雖然我們曾經在晒草灣舉辦過亞洲盃女子棒球錦標賽等國際賽事，但那裏的棒球場卻非國際標準場地，最起碼的設施如記者室、觀眾席等等都沒有啊！由於場地面積不符國際標準，球員在訓練或比賽時有機會把球打出外野範圍，但那裏是足球場，再遠一些就是停車場！」

「缺乏國際標準場地的現實，猶如沒有家園一樣！很難定期舉辦專業訓練班、搞講座……要持續發展（棒球運動）談何容易啊！」

李sir常在夢中遇見的標準場地，丁點也不奢侈──要有觀眾席、鑽石形的，場內有着如茵綠草和紅土……

伴隨李 sir 的那團火，這麼多年來也熱烘烘的呼喚着。

「總要有些如我這般傻的傻佬，傻佬做傻事，不然怎得發展？」說得理所當然、說得蒼勁有力。雖然，歲月的痕跡已融合在他身上……

屋邨童蛻變棒球賢達

生命因「李」動聽

李一強

屋邨童命定的開局，沒人期望他能完勝。是棒球擊撞了李一強原有的軌跡，把他帶到球場扎根成長，遇上義重情深的恩師，成就他的當下。恩師的宏願，就是他窮一輩子也要完成的目標。是許諾，也是傳承。

「香港棒球之父」李錦泉 80 大壽那年，李一強為恩師準備了一個驚喜——在壽宴上播放他親手製作的短片，內容除了來自許多棒球晚輩的祝福，李一強還親自旁白，讚揚恩師對香港棒球界的無私奉獻。

「我跟李 sir 說，待你 90 歲時，會給你另一個驚喜；當你滿百歲之齡，再來大排筵席。」歲月不愛留人，當生命啟動那刻已進入倒數狀態，站在人生下半場的李一強，掃一掃生命列表上的項目，尚有許多待辦事情跟棒球連上。

「想為恩師完成的事，有的進行中，但還有很多……」

李一強稱李錦泉為恩師，因為李錦泉實實在在是他師傅，也切切實實有恩於他。

「沒有李 sir，沒有今天的我！」這份恩情，要從 30 多年前一通電話說起。當年，李一強九歲，沒多久前才名正言順成為少棒「熊貓隊」一員。

「熊貓隊」是本港首支華人少棒球隊，早於七十年代由李 sir 一手創辦。香港少棒聯盟鼓勵李 sir 成立該支球隊的初心，就是想更多孩子有機會接觸棒球運動，不論階層、不論貧富。「熊貓隊」第一代球員，許多也來自基層家庭。但直至八十年代香港經濟起飛，到球場訓練的，變成了十之有九也是富二代。

「當日我沒到球場訓練，正自鬱悶在家，電話響起，是李 sir 親自來電。他問我為何沒參加訓練？聽到他這一問，我再也按捺不住情緒，登時哭了出來！邊哭邊說：沒錢啊！」

李一強從來沒缺席過球場訓練。訓練早上 8 時半開始，他至少提早一個小時到場。

不過，那天訓練卻來個反常。故事相關的情節，要往前推到李一強跟李 sir 對話前的那個早上。李一強如常穿好棒球服，戰戰兢兢地走到媽媽面前，向她要錢交訓練班費用。媽媽的回覆，斬釘截鐵，正如他所料。

「沒有啊！」媽媽說。

「也知道媽媽給錢的機會不大，球隊一年會費要 400 元啊！媽媽給了我，一家九口的食飯錢就沒有了，但不試過就是心不死。」

李一強聽罷一言不發，轉身回到床上去，偷偷飲泣，心痛得快要撕裂，那是身不由己的那種痛，身不由己的無法再回到他喜歡的球場去。

八十年代的現實，棒球這運動，沒錢就得離場。李一強從他披上「熊貓隊」球衣起，已看通這點世情。至少他起動參與的年代如是。

「參加 Little League（香港少棒聯盟）球隊，實在太多費用需要繳付。除每年 400 元會費外，球隊年度聚餐要付費，每月餐飲費用又要夾錢，還有大大小小的派對……」

「曾試過一次，那是唯一一次，媽媽給我 100 元交聚餐費，我也不知是哪裏來的錢了。因為其中一位當警司的家長，每次中午訓練完結後，我就隨家長和隊友一起，到附近的西九龍總區

李一強很感恩當年能夠成為熊貓隊一員。

警察總部內的飯堂吃飯。」

「隊友的生日派對，我一般都不去，因為參加就要買禮物，沒錢怎麼買？有一趟因為是與我較好朋友的隊友生日，我便破例參加，花了十多元買了個模型送他，花紙也是自己包的。」

這是李一強的極限，可一不可再。

小時候，他的口袋裏總難找到分文。一個雞尾包或菠蘿包，足夠他頂住大半天訓練。口乾了，就喝幾口球場內的水喉自來水。只要球場上的訓練有自己的份兒，什麼忍飢受餓、什麼渴不可耐，從來成不了他的問題。除卻被「追數」。

「每次知道翌日訓練時需要交什麼費用，整晚就忐忑睡不着。」

因為知道家人付不起，因為知道交不出來就無法再踏進球場。

李一強首次「曠課」事件，要追本溯源的話，又要再把時間線往前推到事發前的一星期，場景是「熊貓隊」訓練的英皇佐治五世學校（KGV）草地球場。

「有家長提我說：緊記下星期要帶錢（交會費）啊！不然下次就不可以再來訓練。」

小伙子牢牢記好那位家長的溫提，但之後如何是好？錢肯定是

沒有了，別了球場，是他不能承受的選擇，但至少同類事件不用再輪迴。

從媽媽決絕說「沒有」的當刻起，李一強苦無解決方法下，就算千萬個不情願，也要在家長提供的「二選一」中，選擇後者。不是恩師李錦泉的慰問來電，李一強跟棒球運動的情緣，或許從此了斷。

「他在電話裏跟我說：得！李 sir 幫你搞定就是了。」這句話的震撼力，足以把李一強帶回球場，也令他放膽抓緊自己所喜愛。

「很喜歡棒球！因為當投進它的世界時，我毋須跟人說話，很寧靜⋯⋯」

只要跟孩童時期的李一強碰過面，大概會認定不苟言笑就是他的專屬詞彙，尤其在球場上。

「因為自卑。只要發現誰人走過來意圖跟我說話，我身體機制的即時反應，先是不作任何回應，再來就是速逃！」

「我在荃灣長大，一家九口擠在福來邨的單位，爸爸是九巴司機，媽媽全職照顧我們。家中七兄弟，我排行最小。住家附近都是九反之地，小時候幾乎被爸媽禁足到街外玩。能有機會離開住家，到球場玩啊跑啊，誰會不高興！簡直就像一隻無腳雀仔，自由自在地四處飛，不願停下來⋯⋯」

明明就是口若懸河之輩，怎麼看李一強也不該擁有「不聞不問」的童年。

「甫踏進球場，就清楚知道那裏主導的文化，跟自己有太多大不同。家長們總是覺得我很怪、很格格不入。當年的熊貓隊，素有『金叵羅隊』之稱，就是說我的隊友們個個也是金叵羅。他們不是坐私家車就是坐的士到 KGV 球場，我就晨早從荃灣乘巴士到達，還要比他們更早。家長們滿腦子疑問，很想知道怎麼一個屋邨仔也來練波？為何每次只見哥哥帶我到球場，從沒見過我爸媽？怎麼我連一對球鞋也沒有？只穿上『白飯魚』訓練……」

「屋邨仔也來打棒球」，當年李一強聽得多聽得厭。雖然心底裏很想反抗，卻又被自身擁有的現實喝停，只能選擇默不作聲，什麼問題也不作回應。與其說球場上的他內斂，不如說他把自我百分百的藏起來，再為棒球路默默耕作。

「我要完勝！絕對不會給你們看輕。」李一強自從跟李 sir 那通電話後，跟自己定下誓盟。要贏人其實也是在贏自己，就算腳上穿的是「白飯魚」又如何？

李一強從小就穿起它馳騁學校和學界運動會。小六那年的擲壘球比賽，曾拿下一面金牌。

當跑進棒球場後，「白飯魚」的主人決定駐足停下來，要把自己如種子般埋在一大片草地下。李一強得以在球場上落地生根，全賴兄長李一鳴。

「最初哥哥到 KGV 附近的天光道壘球場訓練，也把我帶去。後來見 KGV 有人練習棒球，那裏場地較大，便索性留我在 KGV，他訓練完後才帶我返家。」

李一強（前排右一）獲李 sir（第四排左二）邀請加入熊貓隊，後來成為隊中主投之一。

「我在球場沒事幹，在旁看人打波，也很想參與，別人跑我又跟着跑，場內有波飛出來，我就趕緊幫忙執拾。球場四邊哪個位置最多飛出來的波，我最清楚。」

他的積極投入，引起李 sir 關注。

「他問哥哥，我會否有興趣參加訓練。當時我哥不敢直說沒錢交會費，只隨便找了個『未必常常可以出席』作推搪理由，但李 sir 怎會聽不懂，於是說：『不打緊！可以先跟住大家一起訓練。』」

七歲時那個盛夏，李一強開始他人生的棒球課。

「後來收到『熊貓隊』的棒球服，雖是二手，但也足以開心好

幾天！感覺自己終於成為球場一員，可以真正進行棒球訓練。每次訓練後，我親手清洗棒球衫褲。記得球季期間，翌日要比賽，當晚臨睡前我就穿好一整套棒球服，連襪也一同穿上，一起床就可以最短時間離家到球場。」

李一強加入熊貓隊的年代，正好是香港另一支華人少棒隊——沙燕隊剛冒起之時。熊貓與沙燕，每個少棒聯賽球季幾乎也有碰面機會，但並不是什麼冠軍爭奪戰。沙燕隊啊！1983 年首次參加本地少棒聯賽，已把多年來的冠軍隊伍日本隊打垮，歷史性地拿下冠軍寶座 [1]。

「我們熊貓隊在技術水平上始終不及沙燕隊，每次對壘，每次也敗走球場。雖然，我不時在賽事中 strike out [2] 對方球員。但棒球是團隊運動，不是隊中有一個半個出色的球員就能致勝。」

就算輸了比賽，李一強自覺已贏了人生一仗。

「一場賽事中，能夠成功盜壘 [3]、打支 hit [4]，心情興奮得一整晚也睡不着。就算最終比賽輸了，但也絕對不是輸家，因為過程中我找到失敗的快樂，這是從球員角度而言，輸波也可快樂。只要球員盡力作賽，他在賽事的表現已反映過去訓練的努力。常言道台上一分鐘，台下十年功，就是這個道理。」

正如他記得滾瓜爛熟的《香港少棒聯盟球員誓詞》：……不論勝或敗，必定全力以赴。

「這也是棒球吸引我的地方。我在無資源下透過棒球運動開眼界，透過球場結識許多志同道合的朋友，是它把真正的李一強

找回來!」

想當年,李一強有「牛魔王」投手之稱。

「隊友常叫我『牛魔王』,因為我尤其力大。自問當時在隊中,無論是技術、速度和力氣方面,也是最好的一個。不是說隊友們都是金叵羅嗎?飛撲接球啊、剷壘撲壘啊,還是我最不錫身。每次練習後,我渾身也是沙泥。」

李一強在球場上的拚命三郎,有人看中。

「在我 11 歲時,李 sir 主力帶另一隊 Major,我打的那隊由家長張榮才當領隊,他本身在醫護界工作。因為大家也想球隊在少棒聯賽中取得較好成績,張生特地找來教練專門訓練投手,我是其中一位被選中參與投手訓練的球員。」

特訓安排歷時約一年多,卻把李一強弄得死去活來。雖然,他是隊中最能忍痛捱苦之輩。

「當時主要在維園練習,每逢周二和周四,我放學後就從荃灣趕去銅鑼灣,除了我以外,還有三名隊友一齊練習,兩名練投手及一位練捕手。但每次約兩小時的練習,已用上其中一句鐘

1　詳見本書第三章

2　Strike out:棒球術語,三振出局。即投手投出三個好球後,令打擊者出局。

3　盜壘:棒球術語。賽事中,指攻方的跑壘員在投手投球時,提前離開原壘包並跑往下一個壘包的動作。

4　安打:棒球術語。賽事中,擊球員把投手的投球擊出,並成功上壘。

跑步。教練叫我們到場後，繞着維園跑 20 個圈，20 個圈啊！
跑完才開始練習，但投不到好球，教練立刻狂罵，兼且要罰跑。
教練罵得狠勁，練習過程又辛苦，辛苦程度是每次練習也想哭，
差點兒就要放棄打棒球了！」

李一強還是忍下來。「因為我知道可以做投手，這是很好的機會！」

從 Minor 到 Senior 的少棒聯賽，李一強每次上場，都自信滿滿
的站在投手丘，使勁地把球投出，時而用直球、時而用曲球。
對他而言，要三振對手出局，不是難事。

「那時的夢想，是有機會以香港少棒代表身份參加 All Star 遠東
區賽事。」

明星隊（All Star）遠東區賽事由世界少棒聯盟（Little League Baseball，簡稱 LLB）主辦，每年一屆。各地的少棒聯盟在區內球會「揀卒」後成立一支少棒代表隊，出外參加所屬區域的賽事。以香港為例，在 2000 年前，經過甄選組成的少棒球隊會出戰遠東區賽事 5，跟其他遠東區內的國家或地區的少棒代表隊較勁，勝出者可遠赴美國威廉波特（Williamsport），參加世界少棒聯盟的年度錦標賽 6。

不過，一直以來，代表香港的明星隊基本以日本球員為主，而香港明星隊也從未在遠東區賽事中勝出。

「在本地少棒聯賽打了兩個球季後，很想嘗試參加本地明星隊。Little League 球隊一般在每年球季後推薦球員進行甄選，獲選中者即成為香港明星隊代表，接受為期約一個月的賽前訓練。Little League 很多時派出日本教練執教。」

這位「牛魔王」投手的夢一直未能圓，就是連第一關的門檻也踏不進。當年棒球圈時有聽聞，那些早在香港棒球界作出過貢獻的前人，他們的子弟們能闖關的機會較大。

「明星隊的甄選制度是相對公平的，始終行之已久，而當時日本球員的實力確實比本地球員強。」

少說話、多訓練，是李一強從小在球場的生存本領。

---

5   由 2001 年起，回應賽制變更，遠東區賽事易名亞太區賽事。
6   世界少棒聯盟於 1947 年起舉辦首屆世界少棒錦標賽。

香港首個女子棒球隊 Red Chili 成立後，李一強任教練。

「現在回看，球場就是社會縮影，那裏見盡許多人情冷暖。」

曾有一次在 KGV 訓練後，要到何文田配水庫的球場加操，眼見隊友先後都上了家長車出發，李一強仍獨個兒呆呆地留在 KGV。

「剛訓練完啊！全身又髒又臭。隊友們全程訓練也有爸媽或工人姐姐幫忙抹汗，訓練完畢即換上另一套整潔衣服，乾乾淨淨上私家車。我沒準備更換的衣服，總不能蓬頭垢臉的走上車，更何況根本看不見誰家的車上有預留給我的座位！」

就在關鍵時刻，李 sir 來到李一強面前。

「他到球場『執仔』，看看是否所有球員都已出發前往加操。他見

我仍在球場，二話不說就叫我上他的車，隨他一起到何文田去。」

那時，髒兮兮臭烘烘的他，踏上李 sir 那部紅色的跑車，猶如童話世界裏灰姑娘搭乘魔法南瓜車前赴王子的宴會。

有些人有些事，這輩子都要好好記住。尤其那些在你需要他的時候，他隨時總會出現在你跟前的人，正如漫畫世界的超人。

香港棒球總會於 1992 年正式成立，李一強形容，那是他跟恩師闊別多年後再次走在一起，但各自的身份都不同了。當年師徒倆，一個是主席，一個是棒總兼職執行幹事。

「最初棒總未有正式會址，李 sir 把他工作的辦公室也借出來用。有好一段日子，要處理棒總的行政工作，例如會員入會申請、會議紀錄、訓練班招募等，都得上他的辦公室趕忙。」

隨着棒總先後加入各個國際棒球組織成為會員，許多參加國際賽事和訓練活動的機會，也隨之而來。1997 年，國際棒球總會[7]邀請棒總派代表，參加美國職業棒球大聯盟（MLB）亞特蘭大勇士隊（Atlanta Braves）的春訓。李一強獲棒總推薦到美國亞特蘭大參加訓練。假若成行，他就是首位到當地接受職棒訓練的香港棒球人。

難逢機會，李一強當然千萬個願意，但想到費用這回事，便不敢貿然承諾。

---

[7] 國際棒球總會（International Baseball Federation，IBAF）。於 2013 年與國際壘總合併為世界棒壘球總會（World Baseball Softball Confederation，WBSC），成立目標是推動棒壘球成為奧運會必辦項目。

「雖然主辦單位包食宿，卻要自行掏腰包買機票。當時棒總未有資源贊助這類活動，參加者要自給自足，我才工作沒多久，根本無法應付得來。」

那時候，沒有人比李 sir 更了解李一強的難處，於是他召集一眾棒總董事，商討如何協助李一強成行。

「李 sir 相約數位董事們在酒樓內傾談，最終敲定大家齊齊出錢分擔我到美國的機票錢，合共 4,000 多元啊！當年我已 18 歲，還要勞動一班長輩們夾錢給我，很歉疚，很過意不去。」

臨行前一天，李 sir 送別的那一幕，李一強差點又要掉下男兒淚。

「他遞給我一沓美金，折合約五千港元之多，說是他另外給我到美國用的，人在外地，要多點錢傍身。我最終全程也沒用過恩師給我的『零用錢』，不捨得用。旅途中買了一條領帶送給李 sir，相當 cutie 的，當是一份心意。許多年後，在棒總廿周年的聚會上，李 sir 把該條領帶繫到衣領上，溫提我道：『你送給我的，記得嗎？』」

都是兩師徒的共同回憶，怎能忘記？

李一強首個美國之旅，提早幾天出發。「因為資源不多，只能買最廉宜的機票。從香港到亞特蘭大，共轉了四程機，需時三日兩夜，其中一晚還得睡在機場等候轉機。」

全程兩星期訓練，除參觀美國 MLB 亞特蘭大勇士隊的總部運作外，李一強更有機會從井底躍出，感受和體驗真正的棒球世界。

「終於得嘗所願，能夠親身學習職棒的訓練方法，還跟隨世界頂尖的教練和球員交流棒球心得，有助提升教練的培訓技巧之餘，也自覺有太多不足。球隊專用的訓練球場，一個 batting cage（打擊訓練場）至少容納二、三十人，場內各教練各自分工，分開細小區域進行不同訓練……那時候已經想，香港無論在場地配套及訓練資源上，何時能夠有相對接近的水平？」

當年，港隊的訓練基地——晒草灣遊樂場內的棒球場，尚未投入運作。由於沒固定訓練場地，哪裏有場，港隊就到哪裏練習。那時候，李一強已是男子棒球代表隊第一代球員，還身兼港隊隊長。

「有時到馬仔坑遊樂場，有時在石硤尾配水庫遊樂場等的球

場。」場地有限，使用者多不勝數。九十年代後，除了港隊訓練外，棒總還先後在各區推出地區推廣班，繼有男子成棒、女子成棒、少棒及親子班等，場地需求一時無兩。

「那時我在石硤尾教班，不時跟前來踢足球的人士爭場。當年使用場地沒有如現在般嚴謹、制度化，遊戲規則一般都是默守成規。因為用場而發生口角、繼而動武之事，時有聽聞。有次女子成棒在石硤尾練波，比之前的訓練時間提早了，原定在那裏踢足球的人士到場跟我展開罵戰，結局要報警了事。後來我私下約那班足球熱愛者的主事人傾談，最後協商好大家用場時間的安排。」

李一強在 12 歲前曾設定參加少棒明星隊的夢想，雖最終未能如願，但緣份這回事，着實很玄。

1995 年，香港少棒聯盟派出明星隊參加遠東區少年棒球錦標賽，地點在塞班島，李一強獲邀當出隊教練。那年，他 20 歲。

總算圓了個夢！雖然他身份由球員轉成了教練。「那次由中華台北隊勝出，到美國威廉波特參加世界少棒聯盟的年度錦標賽。香港跟中華台北，無論在球員人數、訓練次數與質素等，均不能相比。輸也不是驚訝之事。」

如果要李一強為自己的棒球生命快速搜畫，把最豐盛的那段日子搬出來，他肯定說九十年代。

他是港隊第一代球員、第一位最年輕隊長，1994 至 1997 年間，先後 50 次以香港代表隊之名參加國際賽事；他是首位球員完成

教練培訓課程並獲得註冊教練資格；香港棒總和少棒聯盟舉辦的訓練班，有不少都是由他主教；棒總成立之初，開會、整理文件、預備會議、整合教練培訓課程內容⋯⋯總之一般辦公室助理的日常，就是他的日常。

「最先在棒總兼職，月薪 4,000 元，但兼職的工作量，跟全職無異⋯⋯還要同時兼任教練，一周七日，幾乎每天也在球場教班，日子過得相當充實。」

全港首隊女子棒球隊「紅辣椒」（Red Chili）成立，李一強是教練之一，還未計算香港少棒聯盟的少棒球隊、棒總的地區推廣班等等。

「棒總跟當時的市政局及區域市政局合辦地區推廣班，除了少棒，還有男子成人和女子成人，最初由四班開始，九五、九六年是全盛時期，十八區每區至少一班。」

「開班就需要有教練，所以我幫忙重新整理教練課程，加入多樣化的考核元素，從而降低教練課程的門檻，讓更多人加入教練行列。不過，最初幾年，即使我不斷幫忙做教練培訓，但教練數量總不能說增加便增加。」

棒總辦公室內，負責配對教練與訓練班的，正是李一強。哪個地區推廣班要討個教練來？哪位教練突然有事來不了，需要另找人選⋯⋯他比誰都清楚。

「找不到教練嗎？我便頂上。最經典的一次，我要到太古城一個人造草場教男子成人班，一進場發現，怎麼有 60 多人啊！一

般一班 40 人已是爆滿了。於是馬上在場內劃分四個小區，在不同的小區內，教學員一些基本棒球知識和技巧。」

「黑鬼教練來了！」李一強在訓練班全盛時期，常常都要跟陽光玩遊戲，全身給曬得黝黑的。只要他進入球場，他那黑得反光的一張臉，一眼就被球員認出。

從球員到兼任教練，從少棒到棒總，只要認識李一強的，都認為這名「棒球契仔」跟棒球的關係，沒什麼可以把它分割，但偏偏他就要為大家帶來驚喜。1997 年，李一強宣佈退役。

那年，他 22 歲，正值球員狀態大勇的階段。在第二屆亞洲盃棒球賽 8 中，他既是港隊球員，也是教練。

「那場賽事，每次 hit 每個 run 我都搏得很盡。但泰國天氣十分熱，每日都要在高溫之下打足六至八個小時（賽事前後）。我主力當三壘手，練習時則擔任投手，協助隊友進行打擊訓練。但比賽進行沒幾局，我的右手臂便開始沒有知覺，造成心理障礙，表現大失預期，後來不得不退場，但最終也是場場輸！」

港隊敗走回港，李一強亦從此別了香港男子代表隊的身份。

「那年代港隊參與國際賽事，尚未有隨隊醫療人員，球員以至教練，對保養知識更是欠奉。泰國一役後，經過治療才知悉當時我是肩膊肌肉神經勞損，長時間在高溫下運動，缺水導致。但其實這個跟我的舊患不無關係，右手臂一直過度勞損也不自知。」

李一強不是說過，每周七天，幾乎七天都在球場度過嗎？港隊訓練，要投球要傳接球；當少棒或成棒班教練，也要擊球投球。右手臂出現勞損，有多難？

「一年教 300 至 500 個學生，每個至少 knock [9] 10 個波，每年我就 knock 幾千個波……」

當把無限投入化成嚇人數據時，離場或許是解脫。

「曾對 Coaching Director（教練總監）這身份有過冀盼。眼見其他如籃球、足球等總會也有一個 Senior Sports Executive（高

---

8 亞洲盃棒球賽：Asia Cup Baseball，簡稱為亞洲盃。由亞洲棒球總會主辦，每兩年舉辦一次，屬亞洲區內第二級棒球賽事。第一屆賽事在 1995 年舉行。

9 訓練時，由教練把球擊出，再由球員接球。

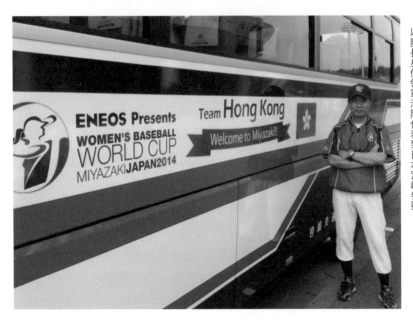

級體育幹事）職位，假如棒總日後也能有一個，至少有兩萬多元收入，至少可以當全職教練，至少可以繼續留在球場⋯⋯」

但李一強拚盡勁當教練的報酬，實在微不足道。「教一堂三小時，350 元，晚上的成人班好一點，但也只是多十數元。一天最多教兩班，每周教兩、三天的話，每月最多也是 6,000 多元吧！」

這是香港棒球人的現實。當年李一強最能記進腦袋的一句話，就是有人向他溫提道：棒球難以為生！於是他決定親自向他的恩師、當年的棒總主席李錦泉請辭。

「也明白的！外面遇到什麼，需要回來（棒總）的話，隨時找我！」當時李 sir 跟李一強如是說。

隨後數年，香港棒球界只久不久才聞說李一強的名字。畢竟，他已從球場跳進商界，轉型到另一個領域去。

「棒總前輩范家和為我穿針引線，把我介紹予一位球員家長認識，後來獲推薦到一間金融機構當辦公室助理⋯⋯」

李一強從辦公室助理到金融機構管理人員，只用上短短四年，那時他年僅 28。十多年後，他霸氣選擇在 45 歲之齡退下來。社會對事業有成的定義，肯定也是對準李一強的定義。

「屋邨仔」年少時獨愛棒球不理學業，但社會重視學歷，李一強就苦讀十年，得了博士銜頭；對金融零知識，他就付出比勤力更勤力的努力，最終成為機構主管兼董事總經理。

「堅毅和敢於前行，都是棒球運動教懂我的。」沒棒球，沒今天的李一強。這是他常掛口邊的金句。這金句，還有相輔相成的上聯：沒李錦泉，棒球與我勢難結緣。

2012 年，一個大年初一的早上，李一強透過電話向恩師拜年。當年李錦泉已有退休計劃，後於 2014 年從香港棒球界退下來。

「我跟李 sir 說，為答謝他多年來對香港棒球運動的頁獻，更感激他對我人生的影響，想捐出 20 萬元成立基金。他隨即提議，要用基金幫助如我般在苦拙中願意奮鬥上進的年輕棒球員⋯⋯」

基金命名為「薔長棒球運動教育基金」，現由香港棒球總會管理。

「算是在社會有點成就，就要懂得回饋！」只要關於棒球運動，

只要有關李 sir，他也視作舉手之勞。李錦泉則愛用飲水思源盛讚徒弟的品德。

李 sir 在 2011 年第 69 期《上壘》中，親自撰寫一篇文稿提及李一強。「一天，他在電話中對我說：『李 sir，今天我稍有些小成就，我知道棒總很需要什麼和哪些人需要支援，有困難，請知會我一聲。我會盡我所能協助，回報過去我所受的一切恩惠。』聽後，我承認我眼中有淚，知道我們花了多年時間在兒棒的工作，並沒有白費，最後在四十年後的今天，得到我長久希望看見的第一粒果實。在今天 21 世紀社會裏，知道『飲水思源』的年輕人有多少？」

李一強就是有那種有恩必報的堅執。今天他的思源，顯然是對應李 sir 那通「萬事有李 sir」的電話，從沒介意「屋邨仔也來打棒球」，身體力行、出錢出心出力成就他的棒球夢。

「聚會上遇見李 sir，也習慣接載他回家。有時還特地用上跑車……」當年身穿污漬泥垢的棒球服登上李 sir 紅色跑車那一幕，他最是沒齒難忘。

早年香港女子隊成立後，資源上苦無頭緒，2004 年原計劃參加第一屆世界盃女子棒球賽，也因而成不了事。兩年後，第二屆世界盃在中華台北舉行，女子港隊能否參賽，成敗也看資源。有人提出：「找一強」。李一強想沒多久便一口承諾。先是幫忙籌得 60 萬元，還親自領軍做副團長。認識李一強的人也知，他在金融界營營役役多年，甚難抽身請大假，卻特地為那趟世界盃帶隊出戰。

李一強不但視李 sir 是大恩人，亦早已把對方當成父親看待。

「出錢，我從不主動提；出力，是想大家 enjoy 比賽……」

後來第六屆世界盃，再次需要李一強幫忙。

「2014 年，我找來商界及社會人士共籌得 40 萬元。那次我提出搞一個 Baseball Funday，要求所有球員一起當義工，協助設計遊戲，並嘗試找贊助，最終找不到不打緊，要讓大家知道一元一角也是經過努力才能獲得的，正如我過往的經歷一樣。」

那次舉辦的棒球活動，李一強以成功作結。「我們開放了晒草灣球場，讓到來的小朋友感受到，他日後也有機會在這片草地上築夢，只要肯努力肯付出的話。」

當日活動口號，李一強選了「不論勝或敗，必定全力以赴。」
那是《香港少棒聯盟球員誓詞》中，他最喜歡的一句。

「棒球令我的人生從負到正，很珍惜我的當下，很感恩棒球運
動給我的一切！也希望棒球人能共勉之。」

李一強的故事，早已在獅子山之下流傳⋯⋯

人生下半場
為下一代運動員奮進

李一強住家的工作室內，寫有「山·水·道」的題字橫幅，高高懸在牆上顯眼位置。

「那是我新成立的機構名稱。山水道的意思，寓意當人到達山峰時便懂得要停；當找到水源時，要懂得如何珍惜資源，留給下一位有緣人；然後創造更多貢獻者。」

2020 年，李一強從服務超過 20 年的金融界退下來。他正為他的下半場人生籌謀着許多目標。「星星伴轉型」學長計劃，就是其中一個。

「星星伴轉型」學長計劃，為香港運動員就業及教育計劃（HKACEP）的重點項目之一，在 2018 年舉辦第一屆，旨在為新退役的香港運動員配對已退役的運動員為導師，透過建立亦師亦友的分享，讓新退役的運動員掌握退役出路。

「我已加入 HKACEP 十年，擔任義務委員會委員，更從首屆『星星伴轉型』計劃起當學長至今。今屆更成功爭取加入兩位棒球運動員，包括區穎良 [10] 和趙嗣淦 [11]。」

「棒球運動員跟其他精英運動員一樣，退役後的出路如何？都是大家關注的問題。今屆找來兩位棒球界極有代表性的人物，他們都是成功的轉型案例，供運動員參考，希望有更多具潛質的球員願意為香港棒球界打拼！」

---

[10] 區穎良：女子港隊總教練，香港棒球總會董事（教練培訓總監）。詳見本書第三章。

[11] 趙嗣淦：前港隊投手，香港棒球總會董事（青少年發展總監）。詳見本書第四章。

沙燕隊第一代

傳承。敢想敢當

區頴良

區穎良是「沙燕隊第一代球員」，小頑皮變身
棒球「小飛俠」，從「港隊最佳游擊手」再肩
負女子隊總教練，瞬間已近 40 年。準是七十後
的世代價值，要堅執地把上一代最要好的一切
承傳下去，棒球場就是他演活這角色的場景。
每天，默默地、沉實地進行中⋯⋯

賽事現場，眾人也聚焦在沙燕隊投手使勁地投出的那一球，見證球員們如何從長勝的日本隊手上奪走勝利之環，摘下香港少棒聯盟公開賽冠軍。

那是港產電影《點．五步》中最令人亢奮的一幕。若把電影描述的賽事連結真實時空，劇中觸動人心的情節以外，沙燕隊球員們的集體回憶還添加了什麼註腳？

「我是沙燕隊第一代球員！那場世紀賽事，我也在！」區穎良（José）現職香港女子棒球代表隊總教練，也是香港棒球總會現任董事兼教練培訓總監。38 年前，港日少棒對壘的那一役，他在英皇佐治五世學校（KGV）球場內。

「最深刻的一局，當時我們領先一分，先發投手因為未能有效阻止日本隊進攻，那局的狀況是，滿壘 1、no out 2！眼見日本隊很大機會反超前，盧校長 3 那時候做了一個很明智的決定，把投手換出，改由另一位左撇子隊友林海忠當投手。最終這名師兄連續把三個對隊擊球手三振出局，成功解決危險局面，最終當然從日本隊手上奪走冠軍寶座！」

港日之戰，區穎良既非做防守也沒站在本壘上打擊，只跟哥哥

1　滿壘：即一壘、二壘和三壘均有攻方跑壘員，所以對攻方而言，成功得分機會較大；反之，對守方而言，失分機會則較大。

2　Out：即出局。當攻方有三名球員出局，即 3 out，該局立即結束，攻方無法再在該局入分。

3　盧校長：沙田中華基督教會基覺小學時任校長盧光輝。已故（1941-2020）。盧校長跟黃寶潮、楊家聲等，也是香港戰後首批在南華體育會學習棒球的第一代棒球人。據傳媒報道，盧校長在南華體育會時主要司職二壘手，至 27 歲退役後投身教育界。

或站或坐在球場旁的小丘上觀戰。

「沙燕隊註冊比賽的 12 名球員，我和哥哥也不在其中，但我倆都是沙燕隊的第一代。」

區穎良說得耐人尋味，但「沙燕隊第一代」的身份，實實在在地與他共存，這輩子也是。

「當年基覺小學的盧光輝校長，在政府和有心人支持下成立沙燕隊，球員主要是基覺小學學生，大部分都是在沙田屋邨長大。我和哥哥因緣際會下找上盧校長。」

那年，區穎良六歲，哥哥區學良九歲。區媽媽原本找來壘球運動為二人填滿暑假檔期，怎料第一堂已被壘球教練黃寶潮 4 勸退。

「壘球的球太大，小朋友年紀太細，小手拿不住壘球。但可以玩較細小的棒球……沙田有位校長正籌組一隊少年棒球隊，可介紹你們見見他。」區穎良大概記得當時黃寶潮跟媽媽的對話。

八十年代，香港棒球總會尚未成立，沒有地區球會也未有推廣訓練班，想參與棒球運動，只能找上香港少棒聯盟（少棒聯盟）。但黃寶潮教練提及的那支籌組中的少年棒球隊，卻不屬於少棒聯盟，而是由政府牽頭發展，並找來曾於南華體育會接受棒球訓練的沙田中華基督教會基覺小學（下稱基覺小學）時任校長盧光輝幫忙。

1982 年，政府把「新城市新運動」的政策定了調後，沙田區內的棒球運動發展旋即獲八方支援，包括時任沙田政務專員的前特

首曾蔭權。據沙田棒球會的網站對該支少棒隊的描述，盧光輝校長在短短四個月內成立了一支少棒隊，取名「沙燕隊」(Martins)，屬沙田棒球會之下。沙田棒球會因而成了本港最早成立的地區球會。沙燕隊獲政府場地資助之餘，還獲庫房撥款 63 萬元支援球隊發展。

一切，都已好好存放在香港棒球歷史檔案內。

那時候小小年紀的區穎良，才不知初見面的盧校長早與許多有心人在球場內外前赴後繼。

4　黃寶潮：已故（1925-2011）。戰後第一代參與棒球運動的港人，曾參加南華體育會的棒球訓練班，當時教練是有「中國棒球之父」之譽的梁扶初先生。黃寶潮七八十年代起主力參與及推廣壘球運動。

「黃寶潮教練引薦後，媽媽跟盧校長約好在某個周六下午，帶我和哥哥到沙田沙角邨對面一個沙石地的小型足球場『試堂』，那是沙燕隊的訓練場地。」

隨區氏兄弟同行赴約的，還有另一個陳氏家庭──區媽媽多年沒聯絡但再重遇的好友，她的兒子，一個十歲、一個八歲。

「我們四個，都不是沙田街坊，有別於球隊中其他隊友。」家住土瓜灣的區家，試堂日之前從未踏足過沙田。雖然車程至少一句鐘，雖然上錯巴士搭錯車，最終也找上跟盧校長約好的球場。

盧校長說是試堂，其實是了解一下四位小男生在棒球場上的能力。「校長叫我們跑步短衝、簡單做些基本傳接球動作等，看看我

們四人對棒球的基本反應。四人之中，以陳氏兄弟的哥哥嘉駿最適齡，只有他剛好十歲，運動細胞也不俗，即場獲盧校長編入沙燕隊。」

沙燕隊這支少棒球隊（Minor），按照當年香港少棒聯盟在少年棒球賽事的年齡要求，球員必須至少十歲。

「盧校長說我哥哥體形略胖，需要多加鍛煉。我嗎？他讚我跑得快，身手相對靈活，但礙於我只得六歲，四人之中，年紀最細，我倆跟嘉駿弟弟嘉駒暫時也無法入隊。不過，盧校長跟我們說，每逢周六下午，我們也可到球場隨沙燕隊一起練波。」

盧校長這個約定，區氏兄弟從不爽約。每逢周末，隨爸媽長途跋涉從土瓜灣到沙田，成了四口子每周必做的家庭活動。

「雖然我和哥哥不在沙燕隊首年參加少棒聯盟公開賽事的 12 名球員名單之列，但隊友們在球場上熱身跑圈、做 sit up、傳接球、跑壘、打擊等，我和哥哥也緊跟着一起。那年賽季，沙燕隊每有賽事，我們一家也必到。盧校長從不認為我倆不是沙燕隊的一份子！」

每周訓練時穿上沙燕隊的專屬棒球服，區穎良最是興奮。雖然那件經典的白底紅字上衣，質地粗糙、沒彈性、又難散熱⋯⋯

「是身份認同和肯定啊！一班小朋友定期進行棒球訓練，自己也是一份子。校長因應哥哥的身形，愛喊他『小飛象』，而我在跑速和反應方面相對較快，因而得了『小飛俠』稱號。」

畢竟是當年獲政府撥款的運動，沙燕隊每名球員也擁有簇新的棒球服，有別於香港少棒聯盟華人球隊慣用二手棒球服的傳統。

「我們訓練時穿著自己的球衣，但每逢參加少棒聯盟的賽事，便按規定獲少棒聯盟派發二手賽事球衣及球褲參賽。雖說是二手，時而遇上修修補補的，但甚少殘破不堪。當年我以少獅隊球員參賽，獲發的那件球衣也相對整潔。」

沙燕隊成立後約一年，沙田棒球會乘沙燕隊首次擊敗日本隊、牽起難得的棒球熱之勢，添加另一支少棒球隊——少獅隊（Lions），凡七歲或以上的均可入隊。區穎良順理成章成為一員。

「記憶之中，溫書做功課都集中在平日完成，周六日也全留給棒球。一家五口（區穎良與他的父母兄長和妹妹）齊到沙田，我倆練波，爸媽和妹妹就從早上坐到晚上，陪我們日曬雨淋。」

香港棒球運動的文化，孩子愛棒球，爸媽也願意多放時間在球場上，投入和參與程度，有時更不下於孩子。

「我入少獅隊後，爸爸當上少獅隊的隊經理，主要處理報名、派發棒球服、代表球隊跟香港少棒聯盟傾賽事事宜等行政工作。媽媽就做隊媽，就是球場上的媽媽，所有球員也由她幫忙照顧，例如訓練或賽事後為球員準備食物飲品、照料受傷球員等。」

棒球訓練，日曬雨淋是常識。球員一身黑得發亮的膚色，乃勤有功的憑證。區穎良也沒例外。遇上雨季襲來，訓練依舊如常。

「偶爾雨勢較大的話，盧校長帶我們回到基覺小學的禮堂，在

沙燕隊最初的練習場地。圖為簡師傅正把球打出，訓練球員接地波。

預先準備好的白磁板上用小道具模擬球賽進行，從而教我們球賽規例等等。」

天氣好的訓練日，區穎良習慣提早個多小時到達球場。

「每星期都好開心、好期待訓練。我和隊友們相約在訓練前一起踢踢足球，再合力把許多球場上的石仔執走，準備訓練。」

當下的孩子，只能在想像世界或從前輩口中得知滿佈沙石的球場是怎個模樣。區穎良與隊友，每次訓練前總得花上十數分鐘清理場內的碎石，這是教練的千叮萬囑，防扭傷也減弄損機會，全為球員的安全設想。

「場地多沙多碎石，我們便當練反應力。久而久之，反而練得一身好武功！」

「時代不同吧！現在場地數目相比以前多了，雖沒一個國際標準棒球場，但總算不是容易令球員受傷的場地。球員只需依時出席訓練便可。這個最基本的責任，卻非人人做到。」

沙燕隊和少獅隊成立之初，沙角邨對面的小型足球場成了兩隊20多名球員的主要訓練場地。訓練前，球員完成清理場地沙石的工序後，把四個壘包 5 擺放好，準備好裝備後，這就展開一整日的練習。

「只是很基本的裝備而已，頭盔、棒球、打擊棒及捕手護具，但教練用的教練棒 6 也沒有啊！要練打擊的話，場內放了個大車呔，供球員練習打擊力度，但這種土炮方法容易弄傷球員，現在已沒使用。」

這年代的球隊，打擊 T 座 7、L 擋網、發球機等是常見於球場的訓練器材，而且都是最基本的。

「我們尤其珍惜能夠踏上的訓練場地，跟隊友共同練習的時光。全隊球員甚少缺席，個個也是只有早到甚少遲到！訓練完畢後，就跟約好的隊友到他們居住屋邨旁的空地玩。」

「屋邨長大的幾乎都是壞孩子」，是那年代公認的描述。但區氏兄弟的爸媽卻不怎麼認同，反而給這個正向價值打動：「愛打波的人，能壞到哪裏去？」

隊友們愛棒球，區穎良更愛。難得在球場上結緣，怎會放過共聚時刻。

「我和哥哥不是屋邨長大，隨隊友四處玩、四處跑，才發現屋邨的公共空間原來很大很大！我們隨時隨地想出跟棒球有關的遊戲來，最常玩的就是以羽毛球當成棒球，隊友擲出羽毛球時，我們就用棒球棍擊出羽毛球……每趟訓練完也玩足半天，很多時回到家已晚上八、九時。」

整天訓練後，從不喊累，還繼續跟隊友黏在一起。周日不用比賽的日子，區穎良與隊友的活動更是多姿多采。

「我和兩、三個隊友在另一位隊友家中玩通宵，幾個人擠在狹小的空間內睡覺，翌日醒來就到附近踏單車……」

朋友的情誼，一天接一天的建立、進化、穩固。

「棒球運動帶給我很多！幾位少獅隊隊友，都成了我的知己好友。我們之中，只有我繼續留守棒球圈，其餘在 12 歲後也相繼沒再打棒球。雖然各有事業和生活，但每年總有兩、三次碰面聚頭。」

棒球是團隊運動，尤其着重整隊球隊的合作性和凝聚力。區穎

5　　疊包：呈正方形狀。分一疊、二疊及三疊共三個疊包。比賽期間，每個疊包附近均有守備球員負責防守。位於本疊的並不是疊包，而是呈五角形狀的「本疊板」。

6　　教練棒：教練的訓練專用球棒。

7　　打擊 T 座：用於打擊訓練。

良從小就從盧光輝校長身上學懂跟隊友們齊上齊落。

「當年本地少棒聯賽賽事，比賽場地一般都在何文田天光道的 KGV（英皇佐治五世學校）。我和哥哥第一年隨沙燕隊練習時，雖不在 12 名沙燕隊球員名單上，但每遇有賽事，就算我們家住土瓜灣，到 KGV 的腳程也只十來分鐘，但盧校長也着我們先到沙田基覺小學集合，一個團隊、一起出發，齊齊乘旅遊巴到 KGV。」

「每趟出車比賽，除了我爸媽外，全車都是隊友。隊友的家長要工作，連孩子比賽也無法出席。盧校長心裏明白，必須把這些孩子跟棒球緊緊地扣在一起，才能減少他們學壞的機會。於是他自掏腰包租用旅遊巴從沙田到 KGV，車程約一小時，大家

在車上齊玩齊唱歌，猶如學校旅行般。很開心的回憶。」

沙燕隊主教是盧校長，新成立的少獅隊，則是盧校長特地找來的簡華強教練任教。簡教練是香港第一代棒球人，也曾在南華體育會接受棒球訓練，份屬盧校長的師兄。他當少獅隊教練時已近 60 歲退休之齡，不是盧校長，他也不貿然復出。

「師傅簡華強是我棒球生命中，最重要的人之一。他是我第一位教練，教懂我棒球技術，教曉我做人道理，成就現在的我！」

區穎良習慣把棒球教練簡華強喊成「師傅」，一日為師、終生為父的那種師傅。

十多年前，區穎良在婚宴上特別向在坐的簡師傅致謝。

「席間我向雙方父母致謝之餘，也特別向他道謝！內容大概提到他是我生命中很重要的恩人，今天我能夠擁有球場上的自信、傳承給下一代的教學理念等，也是因着他透過棒球運動帶給我！」

擁抱當下，也不忘初心。這個初心，是簡師傅傳承給區穎良。

「師傅常提醒我，要謹記全賴有心人開辦小朋友（棒球）課程，才有今天的我。日後打完棒球後（指退役後）有機會當教練，記得要教小朋友！雖然教小朋友責任大，也沒有如教成人般輕鬆，但沒有小朋友，棒球運動也難以有好發展。他們是我們的將來！」

2007 年，深水埗棒球會成立後數年，區穎良承諾擔起該球會總

教練一職，正如當年簡師傅應時任基覺小學校長盧光輝之邀，重回球場任少獅隊教練般。

那是傳承的身體力行。

「深水埗棒球會成立初期只有 Minor 及 Major 兩隊少棒球隊──Polar Bears 及 Aliens。當時兩位年輕教練胡子鋒 [8]（鋒 sir）和林振基（Billy sir），二人曾經也是我在 Athletics 青少棒球隊（Junior，13 至 16 歲）教過的。由於負責管理球會的家長和教練希望有更好的發展，所以找上我。」

2020 年，深水埗棒球會成立 20 周年，球隊數目已達十隊，包括 T 波、U11、U12、U16 及公開組，球員人數約 120 人，年歲由五歲至廿來歲不等，其中少棒組的球員佔最多，屬全港最大地區球會。部分教練更是圈內有名的「星級教練」，包括前港隊強投梁宇聰、投球速度冠絕香港投手的趙嗣淦、港隊隊長兼捕手譚浩賢、港隊投手梁家豪、女子港隊隊長劉芷芊等。

「（球會發展）絕非我的功勞，有出心出力的家長，有理念一致的教練，大家全心全意幫球會發展，不計較、不計算。例如有人知道球會需要教練，便跟我說：區 sir 需要幫手？需要的話，我過來！也有人提出：不如兩個人收一份錢，球會既不用添額外資源，又多了教練幫忙！」

十多年來，從深水埗棒球會「畢業」的球員，也愛回「娘家」任教。趙嗣淦如是、譚浩賢如是、胡子彤 [9] 如是⋯⋯

難怪跟港隊投手趙嗣淦談起在深水埗棒球會教訓練班時，他的

回覆很理所當然：「返回自己（成長的）球會教波，傳統嘛！」

區穎良對棒球運動初心的堅持，也順理成章成了球會傳統。

「我之前教 Billy（林振基，現職深水埗棒球會教練），Billy 教 Sam 仔（港隊投手梁家豪），Sam 仔現在於球會教 U16……」

當代棒球人，從香港地區球會第一代棒球前輩手上接過打擊棒，按部就班地把球擊出，成功上壘……一個棒球大家庭，這就健康茁壯地成長。

要這名地區球會第一代棒球人話當年，少棒聯盟年代的成長歷程，肯定是他最愛放閃的回憶。

「當年在少獅隊完了賽季後，便晉級到同屬沙田棒球會的沙燕隊（Martins）打 Minor A（十歲或以上），之後再轉去田龍隊（Dragons）打 Major。除了 Dragons 那年輸給日本隊外，其餘也能在每年的少棒聯賽中奪得冠軍！Dragons 之後，我便回到少獅隊當助教。在沙田棒球會做教練時，帶領球隊參加聯賽，幾乎也是戰無不勝！」

從球員到教練，是愛棒球之士的恆常路徑，許多人也這麼認為。但實情是，發展過程中遇上制度斷層，球員只能順勢而行。

8　　胡子鋒：從小接觸棒球運動。胞弟是前港隊棒球運動員、現轉型演藝事業的胡子彤。

9　　胡子彤：曾是香港棒球代表隊員。2016 年參與電影《點‧五步》演出，憑該片奪得第 36 屆香港電影金像獎最佳新演員。見本書第七章。

區穎良當年轉換球場上的身份時，只 13 歲。

「那時尚未有香港棒球總會，少棒球員打至 12 歲後，制度上未有承接球員繼續棒球運動的機制。但只要是喜歡棒球的，都會想法子留在棒球圈。」

當棒球助教，最直截了當。

「我的年代香港還未有教練註冊制度，只要有心有力者，便可任教。於是跟隨簡華強師傅一起教波，繼續留在球場上，邊學習當教練，邊教我的學弟們。直至簡師傅認為我能夠自立門戶任教，他才離開沙田棒球會，真正退下來。」

■ 賽事後與隊友們合照。除區穎良（前排左三）和哥哥區學良（前排右二）外，還有簡師傅（後排左一）及區氏兄弟的爸爸（前排左一）及媽媽（後排右二）。

說得上師傅，要傳授技能與知識，還得擔起教養之責。若徒兒不懂尊師重道、待人處事一塌糊塗，為師之過也。

電影《點‧五步》中，校長掌摑球員一幕，百分百基於真實情節改編。拍攝期間提供不少回憶記錄的區穎良，偶爾也耳聞目睹盧校長在球場上如何手起掌落，從不手軟。

「盧校長出手，絕對不是因為輸了一場球賽，他最看重的，是球員在球場上的紀律和尊重，是否態度不認真？是否不尊重賽事、隊友、對方球員或棒球運動？遇有球員在訓練或比賽期間做出不恰當行為、胡亂說粗言穢語等，盧校長馬上就送他一記耳光。」

同在球場另一端練習的少獅隊，簡華強師傅肯定是嚴師。

「他要求很高、很嚴格，但一點都不惡。球場內外從未聽過他講粗言穢語，就算球員犯了錯誤，也不會放聲大罵。」

簡師傅個子高大，膚色一點都沒有長期在球場上暴曬的黝黑。溫文爾雅，是區穎良對恩師的描述。

「師傅是個很愛說教和講故事的人。」故事內容絕非虛構，主角人物正是他本人。

「當年美軍軍艦停泊香港，簡師傅等懂得打棒球的人，有機會獲邀上軍艦打友誼賽。賽果不用多說誰勝誰負了，最令師傅印象難忘的，就是軍艦上的甲板面積，竟然大得可以打棒球比賽！」

多得簡師傅常在訓練後聚餐時的分享，區穎良才知棒球運動原

來存在很多「原來」。美國原來是棒球運動的發源地；美國職業棒球大聯盟 MLB 原來雲集全球最精英的棒球運動員；原來當年有電視台的體育節目播放國際棒球賽事⋯⋯

「那時候很迷那個體育節目，錄影帶年代，每逢有棒球賽事，我就邊看邊把它錄影起來，每有時間就不斷翻看。記得當年最喜歡 L.A. Dodgers 的著名投手 Orel Hershiser 及 Oakland Athletics 的強棒 José Canseco，剛巧上中學要為自己添加個英文名，曾經掙扎要用 Orel 還是 José，最終還是選了 José。」

少獅隊的訓練日常，其中一個最具吸引力的環節，就是接簡師傅打出來的滾地球。

「師傅的滾地球又勁又有威力，我們形容為毒蛇躝草。最初全隊球員也很怕接師傅的球，但當師傅發現有球員接不到，他就調節力度在球員可接的範圍內。訓練後，主動上前了解球員無法接球的原因，例如是接球動作有問題？球感不太好？球速太強等等，知道問題所在，便耐心地解釋和指正，師生一起面對和解決。待球員接到球了，就逐步增加難度，嘗試把球員的能力極限再往上推高一點！」

套用現代教育法，簡師傅就是把有教無類、因材施教、照顧學習差異用到球場上。

「我們完全不認為接簡師傅的球是不合理的訓練或是一件令人捱苦的差事，相反，大家都覺得那是很 fun 很開心的事情。」

只要是開心事，怎會愁孩子沒興趣？興趣在，學習動機自然強。

這道理放到任何事情上，也管用。區穎良早已把它存放好，只要球場上或教養孩子上需要它，都會拿出來開心分享。

「其實簡師傅打出來的地波，相當於一位 12 歲球員剛好可以接到的球速，當年球場上都是 Minor A（十歲或以上）及 Minor B（七歲或以上）的小朋友啊！但為了接實師傅的球，我們每次在 KGV 比賽後，總愛拉着他不放，叫他打地波給我們接，從上午練習至差不多黃昏時份才回到家。後來大家都以成功挑戰他打出來的地波為榮！」

「日子有功，挑戰多了，我的接地波能力也提升。沙燕隊首次在少棒聯賽中從日本隊手上拿下冠軍後翌年，沙田棒球會也派出我們少獅隊參賽，我主要守三壘位置。打向三壘的球，一般都比較快和勁，相信是我反應快又膽大，簡師傅才有此安排。」

1995 年，香港棒球總會在成立後三年舉辦全港首屆本地聯賽，四隊參賽隊伍中，除日本隊和韓國隊外，其餘兩隊也是本地華人隊，一隊由盧校長率領，主要是前沙燕隊隊員，另一隊由「香港棒球之父」李錦泉領隊，不少隊員是前熊貓隊。

「那時盧校長特地找我，說有本地首個成棒聯賽，我想也沒想便應承參加了！」

早於本地少棒聯賽時，沙燕隊和熊貓隊就常在球場碰面，贏的一方總是沙燕隊。那次成棒聯賽，也不例外。

「熊貓隊有李一強這位出色的投手，但棒球並非個人運動，我們沙燕隊全隊球員的平均技術均稍勝一籌。」

賽事結果，沙燕隊再次擊敗日本隊奪冠。區穎良當年 16 歲，剛好從沙田棒球會全身而退。

「盧校長見球會的發展已穩定，便退下來專心搞壘球；盧校長退，簡師傅也跟着退，畢竟他年屆 70 來歲。我見二人退出球會，管理球會的人也轉換了，從前的沙燕隊已不再，剛巧我要以港隊代表準備參加一個國際賽事，於是便隨二人一併離開，專心港隊訓練。」

區穎良從沙燕隊第一代人，跳進香港棒球代表隊體系，也添加了「港隊第一代」身份。當年，他正為第一屆亞洲盃棒球賽 10 積極備戰。

「我向當年的港隊教練提出做投手！現在港隊出隊到外國打比賽，每每一行 18 名球員，但那趟首次出隊，隊員人數只十五、六位，說得上技術達水平的球員就得十二、三個，港隊除李一強當投手外，還需要多添投手，以應付國際賽事。基本上誰想做的話，教練也會給機會嘗試。」

區穎良多年來在球場上也是內野手 11，時而當二壘，時而做三壘。但他心裏明白，投手總是全場最搶眼球的位置。賽事進行中，站在球場中央投手丘上的投手，使勁地擲出直球或曲球，把對方球員三振出局……把冀盼帶到現實，區穎良想好了就付諸實行。但沒料到最先跑出來擋在區穎良面前的，是一直陪伴他成長的簡師傅。

「口水仔……」簡師傅愛這樣喊區穎良，全因這位小球員既頑皮又多嘴，久不久在球場上因口水多多而被師傅彈耳仔懲戒。

「他向我分析說，基於我身形的局限，長得不高，手腳不特別長，沒有先天優勢，還是不用花太多時間練投了，當內野手較適合我啊！」

一場賽事中，投手投球前要以揮動手腳等連串動作把球擲到本壘位置，目標就是要令攻方的擊球員 12 出局。若投手是位高個

10　亞洲盃棒球賽：由亞洲棒球總會主辦，1995 年是第一屆，每兩年一屆。每屆均由亞棒及會員國主辦賽事，第一屆在菲律賓舉行。目前有廿多個會員，包括中國、日本、韓國、香港、斯里蘭卡、泰國、印尼、菲律賓、巴基斯坦等。

11　內野：棒球賽事區域，分內野及外野。內野是投手、捕手、一壘手、二壘手、三壘手、游擊手這六個守備球員的守備範圍，較多機會處理內野的滾地球。

12　擊球員：又稱打者，攻方負責打擊的球員。擊球員要把守方投手發出的球擊出，並要成功上壘。如投手投出三個好球，攻方擊球員即會被三振出局。

子，手腳相對較長，揮臂時產生的力量較大，再加上步寬關係，放波點也因而較近本壘板，以致攻方的擊球者能作出反應的時間相對較短。這是運動科學的數據分析。

年輕人愛「不聽老人言」，等號的另一端往往是過份自信與自我。區穎良沒遵從簡師傅的「師命」，選擇一意孤行，那是他這輩子的唯一一次。

「師傅說我難勝任，我就加倍努力練習，跟港隊隊友日練夜練，證明自己是有能力當投手。」

簡師傅見愛徒堅持的蠻勁，豈會袖手旁觀？

「師傅沒有因我不聽他勸說而放棄我，反而從旁保護、扶持我，助我圓投手夢，就算跌倒了，也不至於跌得太傷。這種對徒兒的愛不時提醒我，教練就是要跟球員一起完成目標，就算遇上力有不逮者，也決不能放棄。」

「當年師傅已退休，無法在球場上指導我練波，但每有我參加的賽事，他幾乎必到現場觀戰，賽後總給我許多寶貴意見。在我們定期或不定期的飯聚上，他也愛跟我分享如何改善球路、球種、如何做個稱職的投手等。」

第一屆亞洲盃棒球賽，在主辦國菲律賓舉行。區穎良以港隊正選投手身份參賽。

「我的表現不俗，帶領港隊贏了兩場，兩場賽事也是做先發投手，而且是勝投 [13]！」

二〇一三年，區穎良最後一次以香港隊隊長身份出戰東亞運動會。旁為哥哥區學良，當時是代表隊主教練。

回港後的掌聲，令區穎良自覺要在隨後的備戰訓練中，繼續強化投手練習。

香港棒球總會發展初期，為港隊開拓許多國際賽事的參賽機會。有比賽，就有目標，那訓練才來得有意義。當年港隊訓練，最初目標主要指向亞洲盃，其後才有亞運會和亞洲棒球錦標賽。

「就在第一屆和第二屆亞洲盃之間，某次訓練後突然右手肩膊發炎，即投球的手，是過度勞損引發！連生活也受影響，換衫、洗澡時，舉起手就痛！」

13　　勝投：先發投手投滿五局或以上，並帶領球隊領先到終場。

這狀態大概維持大半年。別說投手練習，一般訓練也難以進行，區穎良只能停一停。那是他首次接受物理治療。

「九十年代前，別說一般球會，連港隊也沒有保養概念，球員受傷是家常便飯！就是港隊的訓練，主要是圍繞技術層面，訓練前也只是跑跑圈，做做掌上壓、仰臥起坐等，沒有如現在般加入幫助強化肌肉等的體能練習。」

區穎良傷後的反思，決定放棄當投手。

「最初是我要硬來的！或許簡師傅的判斷正確，我體質不合適，根本不宜當投手！」

「由始至終，簡師傅也說我是當內野手的球員。他閱讀球員的能力真夠強！他不時在球賽期間觀察球員，先看球員的身形，再看其運動能力，已大概掌握哪類球員適合什麼位置。」

胖嘟嘟又跑得慢的，當長時間蹲下來的捕手或不用跑得快的一壘，最是合適；身形較矮小、反應較快者，是內野手的人選；天生球感較強者，傳接球的能力較強，做野手 14 較理想；三維感（three dimensions）較好者，做外野手是不錯的選擇，因為能夠準確地計算及分析球的落地點，輕易把高波接實，令打擊者出局；擅長接滾地球的球員，一般比較膽大和不驚波，就算衝力甚勁的球也不怕接，當內野手較能發揮所長。

「正如簡師傅所言，我的身手和反應較快，接球能力強，所以防守能力相對高，適合做內野手。於是我在傷後日夜練習，先做回二壘手，再挑戰游擊手。」

游擊手是防守的關鍵位置之一，守備和傳球能力也要強。區穎良對游擊這位置，是志在必得。

「我當游擊手，也不容易出現 error，予人感覺穩陣。每當球隊面對困局，我總能挺身而出，做出一個又一個優美的防守，守住分數。」

那時港隊已有隊友做游擊手，但區穎良自覺有沙田棒球會的「藍血」，沒理由當游擊手比隊友差，於是向當時從內地招聘的港隊教練提出。

第四屆亞洲盃棒球賽，區穎良司職游擊手，表現出眾，獲主辦單位推選在最佳游擊手的候選名單內。雖然最終由主辦方印尼奪取該殊榮，但「香港最佳游擊手」之名，從此記印在區穎良名字之前，也為他的棒球運動員生命，添加了「傳奇」的附註。

「天賦的確有助運動員走向目標的距離拉近，但能夠代表香港參加國際賽事者，大家也是各有不同 talent，但最終哪個能成為 legend？世上有 talent 的運動員實在太多，但為何台灣的王貞治 [15] 和日本的鈴木一朗 [16] 最為人敬仰？是自身努力和個人修為啊！簡師傅常跟我說，他本人不是有 talent 的人，得靠努力練習才有打棒球的技能，才能藉此幫助球員成為更好的球員！」

---

[14]　野手：指一壘手、二壘手、三壘手、游擊手、左外野手、中外野手及右外野手。

[15]　王貞治：在職棒球員生涯中擊出最多全壘打的世界紀錄保持者，至今無人能及。以「金雞獨立式打擊法」而為人津津樂道。

[16]　鈴木一朗：著名日籍旅美職棒球員。

簡師傅的忠言，久不久在區穎良訓練後輩時跑出來溫馨提示。

2013 年，區穎良掛帽退役。足有 30 個年頭的運動員生涯，總算得了完美句號。但熱愛棒球運動的人，總有方法讓自己留下。誠如他說。

深水埗棒球會總教練、香港女子棒球代表隊總教練、香港棒球總會董事（教練培訓總監）、運動心理教練課程進修進行中……是區穎良延續棒球生命的當下。球場上，他已牢牢地把左右大局的強力傳球接實，現正全力把緊握着的球傳到本壘去。

愛惜好拍檔
推修捕手套文化

「手套是我出生入死的好拍檔！」區穎良真正擁有自己的棒球手套，是從少獅隊晉級到沙燕隊的時候，之前都是借用二手的。

「在銅鑼灣大丸百貨購買，要 500 元啊！那時售賣棒球裝備的地方不多。」

來得不易，自然懂珍惜。

「第一隻手套我用了很久。後來貫連手套的皮繩斷了，便自行到新填地街找鞋帶的皮繩，夾硬穿起來，雖然易斷，但沒辦法！當年沒有一處出售棒球手套專用的皮繩。」

區穎良在棒球場上近 40 年，只用過四隻手套。

「其實定期保養和維修，棒球手套是可以長用長有的。3,000 多元一個靚手套，懂得保養的話，至少能用十年以上！這年代買手套實在太輕易，但實在不應把手套當成時裝般更換！」

多年來先後為隊友保養或維修過百隻棒球手套，既成了「職人」，區穎良近月開了 fb 專頁，決定把護手套文化推而廣之，教大家如何為「生死之交」延續生命。

旅外職棒先鋒

離鄉追夢 我要返「HOME」

趙嗣淦

KENN

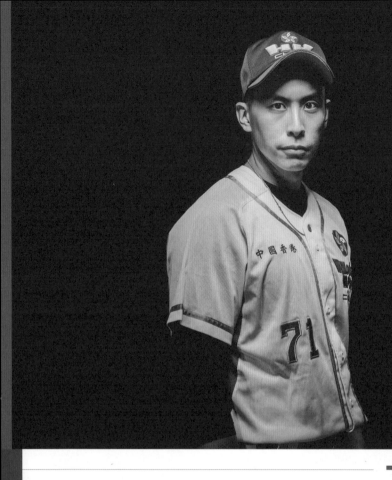

夢，是要緊緊抓住的。趙嗣淦完美地完成示範，
就在他成為香港首位運動員旅外打職業棒球的那
刻起。連續三個球季，首站是捷克，再來是德國，
澳洲是最後一站。成為香港第一，也是唯一。圓
夢後，他決心返「HOME」，在重新調整好的棒
球路上換個身份，把職棒的專業與技術公諸同
好，把更多旅外追夢的路徑帶給有準備的人。

「端」、「雪」、「軒」三字，恰當地繡在他那珍而重之的棒球手套內。

「首次旅外到捷克當職業棒球員時，某品牌公司贊助我用的手套。我特地在手套內裏的手掌位置，分別刻上爸爸、媽媽和哥哥的名字。有支持的感覺吧！」

趙嗣淦（Kenneth），30 歲前已在香港棒球史上領了不少第一：首位跑到老遠的歐洲國家當職業棒球員；連續三個球季旅外打超級聯賽；全港最快投球速度的投手，時速 137kph [1] 至 140kph；創辦全港首個棒球「補習」學堂。

2017 年，這位棒球「學霸」選擇隻身離家，前赴捷克受聘加盟當地超級聯賽球隊奧林匹克布蘭斯科（Olympia Blansko）。管他許多未知，他就是要成就蛻變。

家人了解他，計劃獲一致通過；事業才剛起步，他可以暫時放下；棒球友好從頭到尾都撐他；就只拍拖三年的女友意欲留他……

「她（前度）問我，還要打棒球打多久？當時我這樣回她：真的不知道！最終，她等不了我。」

假如要 Kenneth 給棒球一個期限，那時候的他，肯定答得爽：「這輩子打至無法再打時！」

若說棒球成了他的呼吸、他的生活，那旅外打職棒就是他一直

---

[1]　　kph：km per hour 縮寫。每小時時速。

窮追不捨的棒球夢。只要是跟它接近的機會，他都願意一試。
2015 年，Kenneth 美國大學畢業回港後翌年，再次重返美國。

「侯斯頓有一個 Show Case（測試會），我自費飛去當地，到
球場做投球示範，場內的球探 2 看過示範後決定是否取錄球員，
入美國職業棒球大聯盟系統（MLB 3）或獨立棒球聯盟系統。」

類似的測試會，前來展示實力的球員，五湖四海皆有之，最終
獲推薦、被選拔出來者，都是強中之強。Kenneth 是知其不可
而為之，源於一個情意結。

「夢的延續啊！在美國威斯康辛州讀大學時，曾經跟美國 MLB
職棒系統擦身而過。大學一年級，我用了一年時間以『學生

球員』(Student Athlete)身份打 NCAA [4] 大學聯賽,Student Athlete 在當地是相當受尊重的,而 NCAA 被譽為 MLB 的人才庫。打過 NCAA 的『學生球員』,只要簽一份 Draft Form,就代表有機會被球探發掘,但我當時沒有簽,因為眼看很多比我強的投手也沒有簽,自知機會不大,加上想多放時間讀書。『學生球員』需要付出許多時間練習啊!」

這名「學生球員」回港後,等待機會延續他的未圓夢。哪怕只是一小步的嘗試。

美國侯斯頓測試會後一年,台灣的中華職業棒球大聯盟舉辦戰力外測試會 [5],Kenneth 聞風而至。結果也是他預料之內。

命裏有時的機緣,再迂迴曲折也會遇上。

「2017 年 2 月到日本集訓後,時任港隊主教練的日籍教練色川冬馬,跟我說有機會到歐洲打棒球,因他認識一位德國的運動經理人,可推薦我到捷克的職棒球隊,當地 3 月舉行的聯賽球季馬上就要開鑼,隨時可起行,問我有沒有興趣。我沒想多久,便馬上答應。」

2　　球探:指從球員在賽事中或測試會上的表現,包括投、打、守等動作,經過儀器及數據分析後,向所屬球會匯報,並建議球會是否與該名球員簽約。

3　　MLB:美國職業棒球大聯盟,Major League Baseball 的縮寫,簡稱美國職棒或大聯盟。MLB 於 1876 年成立,由 30 支球隊組成,是全球最高水平的職業棒球聯賽。許多棒球員的畢生夢想,就是有機會成為大聯盟一員。

4　　NCAA:全國大學體育協會,National Collegiate Athletic Association 的縮寫,由美國逾千所大學院校組成。MLB 的美加球員,大多來自 NCAA 棒球聯賽。

5　　中華職棒大聯盟戰力外測試會:每年 12 月舉行,作為球員展示球技水平的平台。

世界很大，香港太細。當巴基斯坦已有職業聯盟時，對香港球員而言，「職業棒球員」這身份，卻依舊是遙遠又奢侈。但遠在天邊的機會，就近在咫尺時，Kenneth 毫無懸念要把它緊緊抓住。

「不少歐洲國家職棒球隊的水平不下於美國。那時我考慮的，是時間不留人，有些事要趁年輕當下完成，之後想做也無法做。更重要是，誰也不知那難逢機會會否再出現，若選擇放棄（機會）的話，我會否後悔？如後悔的話，不用多想，去吧！」

捷克 Olympia Blansko 透過電郵傳來的一年合約，Kenneth 簽好後發回，成為隊中的外援球員，也是該隊唯一的香港人。Kenneth 的職棒夢，瞬間成了真。

那合約上的確認簽署，對 Kenneth 而言，除雀躍與期待以外，還實實在在地擔起不能棄之不顧的擔子。

「任何外援球員表現不理想，球會可隨時解約，哪管已跟我們簽了一年合約。而我在外地打職棒，背負着香港球員的身份，很希望要讓人知道香港球員是怎個模樣，所以更不能有任何閃失。」

Kenneth 對任重道遠的堅執，卻巧遇他球員生命循環中從未遇過的低谷。按他形容，是緊貼谷底的低位。

「其實從美國大學畢業回港後（2014 年），我的狀態一直差一直差。出發到捷克前幾年的練習賽或聯賽賽事，投球狀態很不穩定，下投球時，手指常『啪』的一聲打到地上，過往從未出現過。若果在那天練習或比賽中，投球時手指『啪』地的話，哪怕只是一次，我一整日也投不好球，投球時動作因而出現少

許偏差，原因不是手痛，而是感覺上不能放輕鬆投球，影響表現。當時的我，可自稱為垃圾！」

Kenneth 為港隊主要投手之一。投手是一場球賽的全場焦點，站在球場中央的投手丘，每投一球，也影響球賽發展與賽果。

心理陰霾這回事，急不來。就算步履再蹣跚，Kenneth 也得隨心前行。

「為自己，打得好，香港為你驕傲！就好好藉今次機會，把那裏成為你的鬥獸場，戰勝自己！」Kenneth 引述為他穿針引線的日籍教練色川冬馬說。

只是，才踏進這個鬥獸場不久，Kenneth 即遇滑鐵盧。

「我用上很多時間想方法，如何用下投方式投得好，下投時如何避免手指着地等，但隨後在一場賽事中，投球時手指再次『啪』一聲碰地。那時我就決定，放棄用下投方式投球！只有轉回側投，才能延續我的職棒生命。」

側投為投手常用的投球方法之一。Kenneth 最初在港隊當投手時，正是用側投。

「側投一直以來也是我最舒服的投球方法，及至十一二歲時，教練建議我改下投，因為較具競爭性，於是隨教練練習下投，結果出來的效果和成績，真的很有長進！那時到台灣、日本比賽，下投的表現很不俗，曾聽棒球界人士讚我說『那名球員甚具潛質，可以打職業』。」

但自此以後，Kenneth 原地踏步了很久很久。

「有時這個教練叫我改下投，有時那個教練又叫我改側投，如是者，不斷地改……我現回看才懂，其實從職業棒球角度而言，這樣的投手一點也不專業。究竟應該說趙嗣淦是側投投手？還是下投投手？職業賽事中，投手基本上用一種投球方法，但可以作少許變化，例如下投投手改變少少 arm slot（投球時手肘的角度），目的是投出不同球種 [6] 等等。」

Kenneth 回想起多年前港隊的台灣教練夏隆正曾着他用側投，夏教練的分析，看來最有理據。

「他提到，一般身體素質相對沒那麼好的投手，例如不夠高大、不太健碩等，用下投便派用場，能透過投出不同角度取勝。而我當時正值長高和長肌肉之年，他認為側投較適合我。」

2007 年，夏教練領軍帶港隊參加第 24 屆亞洲棒球錦標賽，Kenneth 首次以側投參加國際賽事，投了四局，表現相當不俗。

也許 Kenneth 回憶中的側投經歷也是順心順意的，他在捷克時才那麼當機立斷。

「投球時手指着地後的翌日賽事，我改用側投。最終以 4：1 為球隊取得當季第一勝仗。」

Kenneth 決定前，腦中閃過一位隊友爸爸與他閒聊時說過的一句話：「Keep doing it until it gets too stupid」大意是，任何事也可繼續堅持，但當事情發展至很愚蠢時便要停！

先停步，後細想，緩慢中細味棒球的樂。Kenneth 從香港到捷克，從下投改回側投，一步接一步，從谷底回彈。

「初到捷克時，融入球隊當然需要時間，但隊友們很純樸很友善，大家也是專注地做好每一件事，認真地完成每場賽事。球員之間有很多交流和技術分享，感覺很舒服。其中一位曾於美國打職棒小聯盟的隊友，他建議我嘗試不同的持球方法，令球的轉法有別於我過往的球種，也增加投出的球種類型。我離港

---

6   球種：主要分為快速球、變化球、變速球及飄忽球四大類。分別透過球速、轉向、飛行軌跡、投手握球方式、球的自轉速度等進行球種分類。

前只曉投出兩類球種，到捷克時已開始增加，部分甚具威力，後來更成了我常用的球種之一。」

投手責任就是要投出好球，令對隊打者三振出局，那是 Kenneth 從小在球場上學到的。過往賽事中最常聽到的，就是許多似是而非的打氣話。

「加油！投出好球。」

「快！快！快投出好球來！」

誰不想投出好球？但可不是說有便有啊！

「當投不出好球來，香港的教練一般把問題指向球員的發力機制做得不好，於是，投手在比賽期間不斷進行動作上的調整，但我的經驗告訴我，這樣反而令投手愈投愈差，因為投手一邊投球一邊在想：剛才是否我左腳動作做得不好、前手動作有問題，於是，邊投邊改動作，如此大的心理包袱，怎樣投得出好球？」

那場抵達捷克未幾的賽事，Kenneth 就是在下投時手指着地後，一味兒想着如何投得好，不斷檢視動作有何不妥，鑽進投好球的死胡同裏。

「那位曾到美國打職棒的隊友跟我說，投得好球與否，動作做得如何不是關鍵，臨場心態比任何事情也重要。若投手心急地想很快在眾人面前投出好球，想 impress 大家，只會事與願違。相反，當第一球投得不好，先讓自己定下來，然後拖慢節奏慢慢投，反正球賽中投手投球並沒有限時。」

趙嗣淦笑言自己打職棒期間的照片不多，來來去去只有幾張。圖為他在捷克效力當地超聯賽球隊 Olympia Blansko 時攝。

不執着，讓腦袋放空一下。Kenneth 嘗試把這種感覺帶進賽事中。

「記得一次是打客場 7。我站在投手丘上，雙手已合（準備投球前的動作），按例投手在投出球前，身體不能動，唯一可動的只有頭部，於是我四圍望，剛巧望到球場欄邊有兩隻雀仔在嬉戲，心想：牠們玩到什麼時候呢？看得差不多了，一球擲出，是好球！如是者，投球前，我繼續看雀……輕輕鬆鬆，這就完場。」

這種投球感覺，Kenneth 已好好記下。

7　客場：兩隊參賽球隊中，有主場或客場之分。一場賽事共九局，每局賽事分上下兩局，客場之球隊，要先攻後守，即在上局先做攻方，下局做守方。一般而言，兩隊實力貼近的球隊，打主場的一隊相對較有利。

「球員在良好狀態時，很無敵，做什麼都做得好。猶如電子遊戲中的 Mario 吃了粒菇後，一閃一閃的變成了 Super Mario 一樣。我們要記下好狀態時的動作順序、位置、節奏等，希望能做到把導致良好感覺的事宜量化。待另一個向下跌的運動周期到來時，也有方法找回良好狀態的感覺。」

出發前隱約憂心能否順利完約，一年約滿後以極佳狀態回港。假如先來個小總結的話，捷克 Olympia Blansko 年內共 40 場賽事中，Kenneth 當投手的大概有十場。捷克的開局，算是蠻不錯，接下來該是乘勢而上。

「剛巧有效力德國柏林職棒球隊『紅鶴隊』的港隊隊友找我，指該球隊在新球季由乙組晉級至甲組，跟捷克 Olympia Blansko 的

水平相若，同樣也是打超聯賽，所以我決定跟『紅鶴隊』簽約一年。」

那年與 Kenneth 同期入隊的外援球員，尚有一位來自法國、兩位美國，全是投手。

「老實說，與其說我是球隊外援，需要幫忙爭取好成績，不如說隊友們反過來幫我很多，從他們身上學到的，有技術，也有心態。」

港隊或香港球會，教練素養與水平主導球隊的質素。外國職棒球隊則大不同，外援球員有機會個個也是寶，他們周遊列國旅外的經驗和眼界，比教練更多更闊。

既然遇上難逢機會，不恥下問也是常識吧！

「香港球員的特質，就是沒有如日本或台灣球員的框架，前者已有公認的球技與水準的定型，較難接受改變；後者大多因語言障礙而窒礙旅外發展。唯獨香港球員沒太多包袱，反而可以夠膽問、放膽嘗試。」

只要有機會跟高水平的職棒球員技術「碰撞」，Kenneth 也把對方意見兼收並蓄。

「他們很樂意分享經驗和作技術指導，感覺就是，大家一齊幫我提升！隊友們毫無保留的指導我、教懂我，完全沒擔心過教懂徒弟無師傅，假如我技術提升後比他們更優秀，他們肯定是樂見其成！因為棒球是團隊運動，要贏波，就要看整隊人的質

素，尤其每隊球隊在賽事中需要很多高質素的投手，今場我投，下場你投，一個接一個的，大家是合作，不是競爭！」

「Trevor 是其中一位曾於美國 MLB 打職棒的球員，身形又高又瘦，是控球技術很好的投手，輕輕鬆鬆就可投出 140kph 的投球速度。他常提醒我在球場上要相信自己的能力，要以聰明的方法配球，毋須每次投球也『硬爆』出去，有時候，可以微調 arm slot，時而左一點，時而落一點，不停轉角度，投出來的球就有 different look，令對隊打者不適應。」

「另一位美國 MLB 前球員 David Wynn，他常掛在口邊的一句是『pitch to win』，很自信的投手，站在投手丘就只有贏。他教我改用比棒球輕的網球進行投球練習，令動作節奏加快，並將之成為投球時身體的慣性機制，當換上棒球投球時，球速自然加快。就是他，把我的投球速度迫出來。」

Kenneth 離港前，沒有任何投球速度的紀錄。2018 年印尼亞運，Kenneth 特地抽空回港，以港隊投手身份參賽，比賽中側投錄得 137kph 高速，為香港投手從未有過的紀錄，迄今也無人能及。

137kph 球速有多快？就是每小時可行走 137 公里。以香港公路 80kph 至 100kph 的車速限制，Kenneth 投出來的球可要被抄牌了。

「現時我側投球速度約 137 至 140，下投 110 至 120 左右。力學原故，下投一定比側投慢，落山比上山（指下投）快嘛！」

根據運動科學數據估計，人類的投球速度極限是 170kph。目前

全球投球球速最高的紀錄保持者，也是來自美國 MLB 的球員，球速高達 165kph。

「除球速有長進外，旅外打職業後，控球穩定性也提升不少。可以這樣說，經歷三個職業聯盟賽事球季後才發現，雖然我從小在香港接受棒球訓練，但到捷克前，原來根本算不上識打棒球。」

Kenneth 自 6 歲起接觸棒球運動，26 歲旅外當職業棒球員。好歹也有 20 年球場閱歷吧！但跳出香港框框後的世界，視角既寬廣又清晰。

小時候，每周跑跑圈、練練傳接球，出一身汗水，Kenneth 姑且把棒球定性為興趣和運動。十四五歲時，有機會當投手，又

以港隊身份出戰海外，成就解鎖，自然愈來愈愛。

「從中學起，我便多了個『棒球仔』稱號！上課時愛拿着棒球，返學放學愛拿着棒球，連睡覺時也攬住棒球。」

棒球不離手，就是要練出手感。

「（硬式）棒球由紅線連成。球員接到球後要第一時間把球投到目標位置，投球時在力度和準確度能夠恰到好處，得靠手指是否按在棒球特定的位置上發力……我就是要透過不停觸碰棒球的自我練習，才能練出身體機制的反應，一接球即把球轉到合適位置，再以最快速度把球投出。」

到捷克前幾年，Kenneth 成為港隊主投，初入港隊時的目標，終能如願。

「我以港隊當時另一位主投梁宇聰為學習目標，他本身也是我的教練。很想承傳他香港強投的稱號，讓港隊有更多高水平的投手。」

當旅外經歷完三個球季，「高水平」三字，Kenneth 要重新定義。高人指點自然事半功倍，但沒把勤有功當成一回事，也是徒然。

捷克也好，德國也好，以至後來的澳洲，練習和比賽，幾乎是 Kenneth 的日與夜。

「球季期間，每周有兩至三場賽事，季賽在周六日，盃賽安排在平日晚上。其餘日子，我都是在球會的球場練習。每周練習

兩至四日不等，視乎賽事情況。當中包括兩日團隊訓練，主要練習戰術和作賽時的暗號溝通。其餘日子，球場開放給球員進行自主訓練，即針對自己位置進行技術練習。我是投手，訓練時練習投球動作、投出不同的變化球等。完成後，便協助其他位置的隊友，例如守備球員接地波、捕手練擋波及傳二壘等，待大家練習打擊時，便投球給大家⋯⋯由下午四時一直練習至晚上九時。」

每天都能夠專心矢志在球場上比賽與訓練，對香港棒球運動員而言，除了奢望，恐怕再難找上其他形容詞。

「我們被稱作香港業餘棒球員。全隊人不是學生就是有全職工作的打工族，訓練時間都需要安排在平日放學放工後。我們就這樣白天努力工作，晚上密密練習。在歐洲則大不同，我是真真正正在沒有工作和生活壓力下訓練。每天的目標，就是如何提升自己，如何應對即將進行的賽事。」

澳洲布里斯班紅襪隊是 Kenneth 連續第三年旅外打職棒聯賽的球隊。最後一場賽事中，Kenneth 遇上他棒球生命中另一個第一。

「我首次完投[8]九局！」

投手得以完投，體能和心態是關鍵，但沒有投手的好拍檔——捕手進行配球，再厲害的投手也難發揮。

---

[8]　完投：棒球比賽術語。意指一位投手從開局起投球，直至九局賽事完結。

「那場賽事，Aaron Thompson 做捕手。他曾是美國小聯盟[9]球員，既可投也能做捕，擁有『Rubber Arm』之譽，即形容他的手猶如橡筋般，整天不斷投球也面不改容，維持高水平狀態，晚上敷一敷冰後翌日再投。」

賽事開始，Kenneth 獲教練安排做先發投手[10]。

「當日右手手踭很痛，無法伸直，或許過勞加傷患吧！但我選擇繼續先發，畢竟是最後一場，怎樣也得豁出去！讓香港球員在外國職棒球隊留下好印象，是我的堅持。只是提一下來自日本的隊友熱身，隨時接力。」

九局完場，Kenneth 共投了百多球，沒被手踭傷患困擾而退場。

「記得完了一局後，我回到休息室問隊友：還有幾多局完場？但隊友告知九局已完！那時還以為尚有兩、三局要投呢！」

那是捕手 Aaron Thompson 的配球功力。

「雖然我們甚少在平日球隊訓練時一起練習，但比賽當日他只見我賽前在 Bullpen[11] 進行投球熱身練習後，短時間內即掌握我的投球球種和變化，替我配球，令我在很舒服、很輕鬆的狀態下投球，很多時一局只投幾球，已令對隊投手三振出局。所以時間快得轉眼就九局已過。」

球賽結束，Kenneth 跟澳洲布里斯班紅襪隊還未約滿便急急回港。說好了的「能打多久便打多久」的職棒路，他決定提早完場。不是因為年紀，兩年前他才 28 歲；不是擔憂傷患，臨別前右手手踭疼痛，完全無傷大雅；不是再次走進運動週期的谷底，最後一場以先發投手出賽，他狀態甚勇。

「棒球賽中，大家常說要返 HOME（本壘）入分，是時候返『家』了！」

聽畢 Kenneth 解說的來龍去脈，差點兒就要衝口而出：以下劇情，如有雷同，實屬巧合！

---

9   美國小聯盟：美國職棒大聯盟之下有美國職棒小聯盟（MiLB），專門為培育具實力的年輕球員而設，小聯盟球員日後有機會上大聯盟。MiLB 同時也為受傷、沒被選中的大聯盟球員提供訓練、康復和比賽機會。小聯盟按實力分為 AAA、AA、A+、A 和新秀聯盟等。

10   先發投手：球隊在賽事中首位上場的投手。先發投手需要進行較多局數的投球，因而需要較高的技術和體能要求。

11   Bullpen：棒球場內投手熱身練習區，又稱牛棚。Bullpen 這詞源於美國職棒大聯盟。

「連我也自覺是電影橋段。那天，剛起飛沒多久，我在口袋裏拿出一張字條來，那是送機的未婚妻悄悄放進去的，字條內容大意是，她剛證實懷孕了！如果在上機前告知我，我必定取消到澳洲。她希望我繼續在澳洲的一年計劃，待一年完約後，再回港跟她一起照顧我們的孩子。」

字條內容，很揪心，Kenneth 從掉下男兒淚那刻起，決定一年後不再離鄉別井走職棒路。

「萬事皆有停的時候！原預算多打一年便真正停，但在澳洲約半年後，突然收到未婚妻流產的消息，雖然尚未滿約，未婚妻也勸說不用急着回港，但我那時已決定馬上離開！她為我付出了很多，也是我為她付出的時候了！」

Kenneth 以棒球團隊運動作比喻。「我和當時的未婚妻（現時太太），就如我在球賽中失誤時，隊友也對我很包容；同樣地，當隊友出現失誤，我就加倍努力搶分。這就是棒球作為團體運動的精神，大家都是一個個體，相互補位，互相幫忙，一起完成一場賽事。滿足感油然而生！」

2019 年，Kenneth 從澳洲回港。翌年，跟未婚妻註冊結婚。

回到家，就得重新開局。想做的、構思要做的，Kenneth 大概有了發展脈絡。愛惜太太、讓媽媽每一天都過得喜樂、為港隊披甲上陣、定好退役計劃、開辦全港首個棒球運動補習班，把兩年多的職棒經驗與技術，逐一傳授予學弟或有志之士。但當前急務，是要想方設法清還旅外兩年多的生活費。

「十多萬元啊！之前承諾家人，只要自己安排一切，包括當地生活費等，就可以出外打職棒。所以，離開前，沒向家人提出財務上支持，回來後，也沒要求家人幫忙面對。」

怎麼也算得上是外國球會的外援球員，不是每月按合約有指定金額的酬勞嗎？

「外國每隊職棒球隊一般額外聘請三數個外援球員，雖說是每月支薪的，但合約身價由每月千多元至 5,000 元不等，港幣啊！至於非外援球員，連月薪也沒有。他們在當地有全職工作，通常放工後到球場練波，每周兩次，另兩天打比賽。」

香港沒有職業棒球，港隊球員也是放工或放學後進行訓練。只是，相對外國球會，無論在場地和資源上，連比較的條件也欠奉。

「歐洲球會都擁有自己的球場，且大部分由政府資助。只要那年度在聯賽中取得冠軍佳績，市政府就撥款予該球會營運，讓當地棒球運動在良性循環中成長。」

Kenneth 從捷克到德國，再由德國到澳洲，每天都在他嚮往已久的場地練習與比賽──符合國際標準的棒球場。目標清晰而單純地生活，每月收到球會約港幣千多元酬勞。雖說住宿由球會安排，但生活費在日積月累下入不敷支，回港後就要清還。

常聽足球球星轉會身價屢創新高，動輒過千萬至逾億英鎊不等。作為歐美甚具歷史的運動，棒球員的身價也該不會比下去吧！

翻查資料，全球最高身價的棒球球星主要集中在美國，那是世

界各地許多年輕棒球員也夢寐以求進入的體系——美國職棒大聯盟（MLB）。只要獲邀加盟，一張合約高達港幣數億元，合約期數年不等。

相當吸睛的報酬，但數量有限啊！

「MLB 共 30 隊球隊，每隊 40 人，即全球最高薪的棒球員，只有 1,200 人。就算 MLB 有俗稱農場（Farm）的預備隊，每隊有六至七級，每級約 30 人，他們的身價可不是同日而語。」

現實是，當 MLB 早已成了世界各地棒球員的尋夢園，套 Kenneth 的說法，哪怕是一個貼近職棒的機會，也該勇敢地抓緊不放，尤其對二戰後才弱弱地開展的香港棒球運動而言。

「職棒生涯的三個球季，感恩在不同球隊也有機會遇上曾在美國 MLB 效力的球員，都是經驗豐富和技術超班的。」

Kenneth 完美示範抓住夢想的路徑。這條過往被視為沒想過也沒大可能的通道，Kenneth 親手開通了！

「現在我就是通往外國職棒路的橋樑，有誰想走職棒路，能夠幫忙連繫的，我也有人脈幫上忙！外國球會，每年都需要外援，每年也都四出找合適的外援，但關鍵是，你敢不敢跑出來給外國球會揀？」

這一步，原來對許多香港棒球運動員而言，很艱難。

「曾有幾位廿來歲的港隊學弟，表示有興趣到外國打職棒，問

了許多有關我旅外打職棒的經驗。既然有興趣,就叫他們盡快把 player profile 給我,例如身高、體重等基本資料,待我把資料發給外國球會,但等了許久,也未見發送過來。追問之下,其中一位交代說:家人未必想我打職棒,我也不知道啊!」

事件就在這劃上句號。這是現實。機會常在,但機會總是留給勇於踏出第一步的人。就像 Kenneth。

家人情常在

Kenneth 之所以成就今天的 Kenneth，沒有父親趙端庭的培育也勢難成事。

「是爸爸把我和哥哥帶到棒球場的！沒別的原因，爸爸朋友的女兒也參與，便一同前去玩，純粹是比較特別的運動吧！」

從觀塘棒球會轉去 Bombers，再從 Bombers 跳到深水埗棒球會的 Polar Bears，後來以 11 歲之齡加入港隊。Kenneth 在球場上的日子愈見增多，本身是律師的 Kenneth 爸爸，也隨兒子一起成長。

當上裁判，又加入成人棒球隊 Ambassador 打本地聯賽，香港棒球總會成立時，他擔起義務法律顧問一職，隨後也做過副主席，許多會務工作，他也有份參與。香港的棒球前輩無不認識他，愛以「趙律師」喊他，包括「香港棒球之父」李錦泉（見本書第一章）。

2019 年，Kenneth 結束兩年多旅外職棒生涯回港，趙律師當年因病離世。

「爸爸離世前七、八年，得了腦退化症⋯⋯在我成長過程中，他永遠是做好人的角色，很放手和放心讓我打棒球。媽媽說，我跟爸爸長得一模一樣，連寫英文草書的字跡也如倒模的。在我打職棒期間，媽媽和哥哥是爸爸的主要照顧者，全賴二人，不然我也難專心追夢！我跟自己說，我要媽媽生活過得好，相比爸爸在生時更好！」

球場兄弟創辦棒球補習班

2019 年，Kenneth 從澳洲旅外回港，即隨港隊參加第 29 屆亞洲棒球錦標賽。在對斯里蘭卡的賽事中，Kenneth 以先發投手身份，跟港隊捕手譚浩賢（Benny）合拍地完成九局賽事，Benny 的配球策略，為 Kenneth 繼澳洲一役後，迎來棒球生命中第二次九局完投。港隊亦以五比一打了場勝仗。

Kenneth 與 Benny，球場內合作無間，球場外是稱兄道弟的難兄難弟。

「我倆性格是一凹一凸的。我想好要做的，就頭也不回的向前衝，Benny 就會走出來拉我一把，把我未想過或想不到的情境告知，為我分析。」

2020 年，兩位棒球兄弟在火炭搞了個室內棒球訓練場，套用 Kenneth 的字眼，那是全港首個兼唯一一個的棒球補習學堂，學堂內暫時有兩位極富經驗的星級教練，就是他跟 Benny。

目前以執教為主的 Kenneth，已為自己定好退役計劃，潛心把職棒的經驗和技術，全盤傾注給下一代。

「記得教練區穎良曾跟我說，我不是要你複製一個 Kenneth 或 Benny 出來，要幫熱愛棒球的孩子或後輩，成為他們自己！」

路遙，但 Kenneth 仍樂在途上。

港隊第三代隊長

從零修煉成一

譚浩賢

如沒棒球，白天工作、晚上回家、周末相約友人吃飯唱 K 看電影，肯定是他日常。但平凡與他，註定要割席，從他穿起棒球服進場的那刻起，也從他披上自覺「型爆」的捕手護甲開始⋯⋯哪怕是龜速的奮進，他也選擇與它同行。

譚浩賢（Benny），現役港隊捕手兼隊長。香港棒球人提起他，也愛開心分享他在球場上最觸動人心的那個時空——2018 年印尼亞運，男子棒球排位賽香港對泰國一役，他擊出及時而到位的全壘打，成功激活隊友們士氣，港隊最終以 5：4 反勝。

那是 Benny 首次參加亞運會。他比誰都明白，喝采聲中的強勢一擊，來得不易。

「之前不少重要棒球國際賽，我也沒被選中！連隨隊出發，在場內坐 bench [1] 打氣兼看比賽的機會都沒有。」

港隊日常訓練，終極目標幾乎都是指向國際重要賽事——亞運會、亞洲盃、亞洲棒球錦標賽等。誰個球員具資格出賽，當然是教練說了就算！

九位正選球員，再加七至八位後備隊友，是每場大賽的「基本盤」。Benny 入港隊後好幾年，遇上教練賽前揀將，他也不是教練之選。

「教練對球員有喜好，那是必然的，我也在球會當教練，很明白。若球員力有不逮的話，如何代表香港跟外國勁旅較勁？不少人以為入港隊很容易，實情是，許多小朋友的確從小就較多機會穿起代表香港的球衣出賽，家長只要付費參加即可，沒太大競爭性；但一直打上去，最終有多少個真正有能力以港隊球員身份打國際級賽事，不容易啊！」

[1]　坐 bench：謔指未能成為比賽正選球員，只能在場邊看隊友作賽。

香港棒球總會過往曾針對青少棒，推出過不同組別的精英培訓計劃，包括 U15、U18 等。近年則劃分為 U12、青棒組及明日之星。訓練目標之一，正是為備戰海外邀請賽、交流賽等。由於青少棒的海外賽事甚少在受資助之列，故參加球員就得「用者自付」，一般繳付數千元，金額多寡視乎賽事性質、舉辦賽事的地點，以及棒總是否有額外資源資助等。一直以來，本地青少棒球員對參加海外賽事並非如想像中踴躍，甚少發生大大超額情況。那就是說，只要符合參賽年齡等基本條件的球員，一經付費完成報名，即較大機會取得參賽資格。

Benny 從地區球會跳進港隊系統前，也曾參加過青少棒國際賽事。2008 年，亞洲棒球總會舉辦第五屆 AA 亞洲青少棒錦標賽[2]（BFA AA Baseball Championship）。他是出隊參與的其中一員。

「很興奮，第一次代表香港參加國際賽！而且是從未到過的日本伊豆，第一次在人造草棒球場打比賽，球員休息室很大，球場很靚，一場賽事後，棒球服沾上的不是一般國際場內的紅土[3]，場內是日本獨有的黑土[4]。曾想過如甲子園的傳統般，輸球的球員抓一把場內的黑土回家作留念，但怕被人取笑，結局沒有啊！」

「從酒店步行到球場的腳程只五分鐘左右，我們一行 17 位球員，每五、六個球員獲安排住進一個大房內，一起瞓榻榻米，我和子彤同一間房。從未試過的體驗……」

胡子彤是 Benny 棒球圈中好友，後來不少棒球經歷，二人也難兄難弟共同進退。那次伊豆賽事，一個是隊長兼二壘手，一個司職捕手。

譚浩賢坦言好友主要都來自棒球圈。其中一位是跟他識於少年時，現已投身演藝事業的胡子彤（紅衣者）。

錦標賽共八隊隊伍參加。跟許多亞洲區賽事一樣，參賽國家或地區大多離不開棒球強國日本和韓國，中國、中華台北、印尼、泰國等地也是常客。

「我們排尾二。只贏了對泰國的那一場，但以 15 比 0 大比數提早在五局結束後完場，算是不錯。但我自覺表現一般，首次穿上代表香港的球衣，感覺責任和壓力尤其大，以致發揮不到平日訓練時水準。」

2　AA 或 2A：國際棒球總會（現為世界棒壘球總會）過往把青少棒賽事劃分為 A、AA 及 AAA 三個組別，A 為 14 歲以下，AA 是 16 歲以下，AAA 則是 18 歲以下。

3　紅土：棒球場內野以紅土鋪地，紅土較一般泥土幼細，跑壘者進行撲壘、剷壘等動作時，減輕擦傷機會。

4　黑土：黑土相對紅土較硬，當球落在黑土上，彈跳沒紅土高，但速度卻比紅土快。黑土的質地比紅土更幼細，球員受傷機會相對減低。

「回港後，子彤幫忙引薦我給港隊總教練區 sir（區學良）。區 sir 着我先隨港隊一起跟操。那時候港隊尚未有如現在般的甄選程序，一般教練會着球員先跟操，觀察球員一段時間後才決定該名球員是否入港隊。」大概跟操一個月後，Benny 正式加入 U18 精英培訓，緊隨師兄們的步伐，一年後成為港隊一員。同期隊友中，除胡子彤外，還有趙嗣淦、翁浚暐和梁皓男等，都是後來的港隊主將。

Benny 的棒球辭海裏，香港棒球代表隊的關鍵同義詞，一直也等同高技術水平，後來他自行加入「堅持」二字，作為總結。因為，沒有它，就沒有他的當下。

2015 年，第 11 屆亞洲盃棒球賽（東區），在印尼耶加達舉行。Benny 嶄露頭角，首次以正選捕手身份打國際賽。那年，他剛 23 歲，在港隊已有七年資歷，在棒球場上已載浮載沉 12 年。

當任何運動也是早學等同優勢時，Benny 肯定不是勝利組。

「跟我同年紀的隊友，已先後兩、三次參加亞洲盃，例如子彤就是其中之一。我是一眾隊友中，最遲一個接受棒球訓練的，他們大多早於五、六歲時已開始加入球隊。」

起跑線肯定是輸了，但 Benny 照樣踏實地成了港隊正選；穩紮穩打地掌控賽事節奏；稱職地做好教練與球員之間的溝通橋樑。教練讚他、隊友撐他。雖然，一切也來得過慢，他熱切期待發生的，也沒有出現在他預設的時間表內。從零緩慢攀上一，他徹頭徹尾就是《龜兔賽跑》中的主角。

「曾經想放棄啊！」那是 Benny 棒球人生中，罕有遇上的暗黑歲月。從中學畢業到修讀高級文憑，從告別校園到投進社會，棒球運動永遠都是首位。但這位《龜兔賽跑》的主角，龜速前往終點的途上，障礙物隨處可見。

自從 16 歲加入港隊後，Benny 開始為追逐棒球夢而籌謀。準時到球場練習，乖巧地聽命於教練的指導，希望有天，能與隊友一起在國際大賽中打出一片天。只是，一年過去又一年……

「那幾年，真的灰爆。都持續幾年了，每次國際賽也不獲選中做正選捕手。很明白當時港隊仍有曾健忠、梁皓男等出色捕手，但自問付出了許多汗水練波，怎麼教練總是選不上我？就算我

轉做一壘手，都沒我的份兒！」

許多自問之後，Benny 在 20 歲時某天，對棒球的熱血，一夜間被偷走了！

「突然不想去練波，過往幾乎日日去晒草灣。那時是最黑暗的日子！最多一周只去一次，自動減少訓練日子。但教練和隊友也不知道當時我曾萌生放棄的念頭。」

這念頭，大概維持了兩個月。

「沒去訓練，便待在家中無所事事。腦海中不時出現魔鬼與天使爭拗的對話：放棄吧！……不要放棄吧！贊成放棄的，就是不斷重複自己繼續打的話也太沒意思，不論有多努力也沒有人察覺，為何仍繼續？但這個想法，又被另一個想法打倒：其實只欠一小步，一小步而已，都已努力多年，不堅持下去的話，如何能夠獲得自己一直以來希望爭取的成績？……」

最終，Benny 決定重回港隊。那是他給自己最體面的下台階。但實情是，他的人生沒有棒球，跟死魚一條沒兩樣。

「閒在家百無聊賴真的很苦悶啊！這麼多年的習慣，就是幾乎每天都到球場去。棒球是我人生的全部！隊友、好友、經歷、人生道理……都是棒球給我的，已無法分得開。貿然放棄，我會打回成普通人無異。」

朝九晚五，放工後回家打機，周末或假期相約友好唱K、食飯、看戲……全都不是 Benny 渴望擁有的人生。

「特別，從來是我心頭好。棒球運動很特別，愈玩愈投入，愈投入愈喜歡它的獨一無二。棒球本身就是既複雜又多變化的運動，懂得駕馭它的人，才覺好玩！」

當相信不放棄，就有圓滿的最終回，Benny 自覺沒選錯堅持。2015 年亞洲盃，Benny 首次以港隊代表身份出戰，也首次披上捕手護甲跟外隊比試高下。

「當時獲得港隊教練陳子揚的肯定和信任，比賽前得以重新啟動捕手的訓練，最終能以正選捕手出隊。」

「這成果肯定是由堅持熬出來的！你可以隨便找 30 個叫自己放棄的理由，但只要有一個讓你堅持下去的原因，便可繼續堅

持！」年輕人啊！一派老生常談的口吻，都是從球場中悟出來的人生大道理。

比賽場上，雖然臉上表情都給捕手護甲掩護着，但見 Benny 穩穩接住投手投出來的球，果斷地向場內隊友發出指令，舉手投足總是自信滿滿，很有壓場的氣勢。跟當年棒球初體驗的他，各在兩極之上。

「初學棒球的幾年，自覺不懂打，也沒太大自信！」

打擊，擊不中；接球，難得心應手；傳球，速度慢又欠準；就是跑壘也不比人快，Benny 沮喪得幾乎連半點自信也給連根拔起。

「有位隊友，年紀跟我相若，他與我一起從紅磡棒球會轉到何文田棒球會（金鶯隊 Orioles）打 Junior，他能輕鬆自如地擊出安打⋯⋯不時自責是否力有不逮。」

每年 9 月至 3 月，為本地聯賽球季，歷時半年，每支球隊大概能參與約 20 場賽事，每周一場。Benny 從地區推廣班轉到球會後，球季期間總有機會落場作賽，只是賽事經歷卻不怎麼暢快。

「首次參加比賽，那時我在紅磡棒球會 5，獲教練安排守外野 6，但自覺參與不多、貢獻不大⋯⋯很擔心因為自己表現不佳而拖累整隊成績！」

Benny 從小不愛參與足球、籃球等團體運動。怕拖累隊友！偏偏棒球卻成了例外。

「媽媽幫我報名。某天在屋苑附近見到一張棒球訓練班的推廣banner，是棒總舉辦的地區推廣班……她想我多做運動！小時候的我，平日最多只是落樓下公園玩捉迷藏，沒特別專注參與的運動，更沒想過有機會在運動方面發展。」

「記得 2003 年初學時正值沙士期間，要戴口罩上堂。」Benny家住觀塘，每逢周日早上，隨媽媽走十來分鐘到順利邨體育館旁的人造草足球場，與 20 位同是新丁的學員齊齊學棒球。

香港棒球總會舉辦的地區推廣班，目標從來都明確不過——向15 歲或以下青少年教授棒球基礎知識，引發孩子對棒球的興趣。Benny 一口氣連續上了初級、中級及高級課程。

「地區推廣班的教練很有心機和耐性，令我對棒球開始有點興趣，也開始掌握棒球運動的知識和基本傳接球技巧。」

大概半年後，Benny 轉到地區球會繼續訓練。

「媽媽知道紅磡棒球會進行甄選球員，我和一位友人同去，結局我倆同獲選入球會。他就是那位與我同期入球會，表現卻比我優勝的隊友，但他打不到幾年便沒有再參與棒球運動了。」

「當時紅磡棒球會，有港隊球員任教，而黃寶潮教練 7 也偶爾

5　　紅磡棒球會：地區球會，多年前已停止運作。

6　　外野：棒球賽事區域，分內野及外野。外野手分為左外野手、中外野手與右外野。

7　　黃寶潮：香港第一代參與棒球運動的前輩。生前一直致力推動本港棒球及壘球運動發展。

指導一下⋯⋯那時我已 13 歲，超齡打 Minor League [8]（少棒聯賽）。本地聯賽對球員的參賽年齡規定，沒有如現在般嚴謹。」

每逢周六下午 1 時半起，一連四個多小時，Benny 隨紅磡棒球會在石硤尾配水庫球場練習，鮮有遲到，更從未試過曠課。球季開鑼，連周日也得拱手相讓。

中學生活，交朋結友燃燒青春就是理所當然，願意把每周兩天的休假全投放在球場上，Benny 想必很熱愛棒球運動吧？

「最初不是啊！媽媽想我去（棒球訓練），我便去⋯⋯家中向來是媽媽較主導，她的意見，我和爸爸、弟弟也較少有異議，免得煩！反正周末沒事幹，對棒球又不太抗拒，把它當成興趣和

運動就是了！」

Benny 也夠實說實話。從紅磡棒球會到何文田棒球會，按時到球場，定候回家去，成了他的習慣、他的生活。日復日，年復年，直至中三那年⋯⋯

「打了幾年（球會），自覺進步不多，想過自己是否能力不足，或沒甚天份，不如別浪費光陰，快快離場？但忽然有天練習時，傳說中『叮』一聲後的大逆轉，竟發生在我身上！我終於能夠把投手的投球擊出去，成功安打、成功上壘，之前常常擊不中球的，而傳接球的準確度也比前進步多了⋯⋯我不知如何形容那狀況，總之是球技進步了！」

是勤有功嗎？Benny 自問不好說。記憶中，從那次煥然一新的感覺後，每有機會練習，總是珍惜時分秒。

「現在回想，是心態問題多於技術水平。當年經常發生訓練時表現好，但到比賽時卻失準，接球和打擊也未能做出平日的水平，很擔心拖累隊友吧！那時候就是常常置身這個惡性循環中，難以自拔。後來可能想通了，不再執着於比賽時的表現，擊不擊中波、接不接實球，都放下了，只管盡力做好每個動作。這個心態上的轉變，相信就是為我『叮』一聲作準備。」

Benny 進入港隊時，剛滿 16 歲。

「地區球會沒有 16 歲後的恆常而系統的訓練，要延續在棒球運

<u>8</u>　Minor League：少棒聯賽中，屬 6 至 12 歲的年齡組別。

動方面的發展，入港隊是唯一出路。」

雖說香港棒球代表隊的訓練，無論在質與量方面也沒可能跟棒球運動發展多年的國家或地區相提並論，但既然是港隊訓練，球員就得按每周指定時間到藍田晒草灣的棒球場 9 進行訓練。

每逢周二、三及五，晚上 7 時至 10 時；周六晚上 6 時至 9 時；周日下午 1 時至 6 時。

一周七天，訓練時間已佔去五天，無間斷的棒球訓練，幾乎成了 Benny 生活的全部。但他的出席率幾乎是百分百。還未計周六晨早在何文田棒球會的訓練，周日加操或球季期間進行的聯賽賽事⋯⋯

「（訓練）我甚少請假！平日放學後便到球場。同學約我周末去玩，每次我都說不，久而久之成了常態。後來偶爾聽他們高談闊論相約聚會的趣聞軼事，才發現同學去逛街、睇戲、唱 K，竟然沒自己的份兒，一問之下，他們的回覆是：你要練波嘛！」

雖說情感上不爽也不快，Benny 仍堅持。

「在球場的日子多了，對着書本的時間自然大減，加上考試成績向來也不是特別好，中四那年需要重讀。不過話說回來，我鍾意返學，卻不喜歡讀書，連班主任在家長日時也這樣跟我爸媽說：他是乖學生，只是興趣不在讀書而已！」

棒球是 Benny 的興趣，毫無懸念。但凡有關棒球的，他都份外熱衷。港隊要到海外比賽，他馬上向學校請假。一整年學期，

類似情況總遇上兩、三次。

「有時請幾天假，有時請個多星期，曾經最多一次是打全運會，前後沒上課十多天。學校知道我出外比賽，一般也沒大問題。只是回港後就得追回之前的功課和學習進度。」

不論是本地或海外的球場，哪管在哪個崗位擔任哪個角色，Benny 也都百分百全力以赴。尤其披上捕手護甲時。

「學棒球沒多久已喜歡當捕手。因為型！全隊中只捕手需要身穿護甲及臉罩落場。另一個原因，相比其他隊友的位置，捕手是唯一在固定空間內做好防守工作的，毋須跑來跑去，而且相對較少機會受傷。我當捕手多年，也未遇過重大受傷事故。」

一場比賽約兩小時，捕手需要蹲着防守，不是更辛苦？體能要求更高？「對啊！但我寧願蹲，也不跑！一直以來我的身形也是略胖的，跑不快也懶得跑！」

捕手一點都不能懶，Benny 比誰都更清楚。

棒球賽事中，投手永遠是眾人焦點，哪怕是從觀眾、對手及球評角度。捕手嘛？卻鮮有成為鎂光燈的閃照對象。從頭到尾也給護甲護具牢牢地包裹着，連長相如何也難曉得。只見他守備時蹲在本壘位置，時而接過從投手投出來的球，偶爾走到投手

9　晒草灣棒球場：位於藍田晒草灣遊樂場內的草地棒球場，為香港棒球代表隊的指定訓練場地。康文署每月編配 45 節訓練時段，予香港棒球總會作培訓運動員。雖然是全港最好的棒球訓練場地，但不論在面積和設計上，均不是國際級標準的棒球場。

那邊耳語，不時大聲向對友說什麼似的——那是從普羅大眾的視角而言。

捕手的視角，卻不一樣。他蹲在對隊擊球員後方，本壘 [10] 就近在咫尺，也就是全場最有利位置——既可監視對隊球員的一舉一動，又能掌控隊友們的防守節奏。

「捕手正是全隊的靈魂，低調卻非常重要。別以為全場比賽蹲着便可，沒頭腦便不能當捕手！」

一場賽事，兩隊球員需要輪流攻防，攻方要拚起勁入分，守備方則要傾全力做好防守減少失分。捕手在守備時，就是擔起隊友們佈陣調整的領導角色，除要對賽事局勢瞭如指掌之餘，與投手的合拍節奏，更是少不得。

「我鍾意領導人！說捕手是全隊大腦，就是因為要負責配球。投手要投直球？做 inside 球還是 outside 球？都是透過捕手去配球。一般在比賽前，我跟投手熱身練習時已大概掌握他當天狀態如何，再決定如何配球。簡單來說，我要很了解投手，包括性格如何？比賽進行時的心理素質和變化等。賽事期間，如果投手因怯場而無法發揮，我要適時提出暫停，跟他說些正面鼓勵的說話等，令投手能夠在舒服而沒壓力的節奏下完成賽事。」

球場上跟 Benny 最配搭得宜的投手，除趙嗣淦（Kenneth）外，也想不到更好。二人相知相遇於棒球場，性格剛好凹凸絕配。當 Kenneth 站在投手丘上把球投出來那種震懾氣場，套用棒球術語就是很有「球威」[11]。

經過多年的努力與堅持，Benny 終於獲得港隊教練賞識。圖為攝於二〇一九年第二十九屆亞洲棒球錦標賽。左為當時主投之一梁宇聰。

「最初期合作時，大家未曾磨合，合拍性和信任度也有待提升，每當賽事中我配球時，他也不時擰頭，即反對我的配球意見，然後按他自己的想法進行不同的投球變化，這通常是相當有經驗的投手才有的『球威』。」

「剛剛任港隊主捕時，遇上類似 Kenneth 等如此有球威的投手，幾乎把捕手的配球責任雙手奉上，更莫說曾當我教練的聰 sir[12] 等前輩投手了！跟這些具氣場的投手同場，真的猶如鵪鶉般！他們說投什麼球就讓他們投什麼球，我只好好接穩他們投出來

10   本壘：由五角形白色橡膠板製成，用於判斷跑壘員是否安全踏觸本壘板回來得分，及擊球員是否揮棒過半等。

11   球威：一般球速愈大、球旋轉度愈快，球威就愈大。

12   梁宇聰：港隊投手，已退役。現任女子港隊教練。

的球就是了，當時是這樣想的。」

Benny 猶記得一次在洲際盃賽事中，對中華台北的開幕戰，現場觀眾席都坐滿了前來打氣的人。他跟主投梁宇聰曾有過電光火石的一幕。

「聰 sir 是先發投手，雙方打至第七局時，他把球傳給我，但我傳回給他時傳得不太好，球掉到地上去，聰 sir 登時牢牢望實我，那種凌厲的眼神把我一嚇，至今難忘，好有陰影啊……」

但，要獨當一面，鵪鶉也得蛻變。

「是賽事經驗和練習日子有功吧！懂得因應各投手的狀態而作出明確引導。當我配球成功，投手投出水準，我的臨場判斷被公認了，信心自然增大。賽事中的配球，主導權在於我，聰 sir、Kenneth 等也很信任我的配球決定。以我跟 Kenneth 為例，在 2019 年第 29 屆亞洲棒球錦標賽中，其中一場對斯里蘭卡的賽事，我讓他很舒服地完投九局，成了我倆的紀錄。」

「最初沒此膽量，但後期我說配什麼球，投手便投什麼球！我有我的捕手氣場！」正能量滾動循環，成了成長的助燃。Benny 找到存在意義。

「區 sir 看着我轉變！港隊中我不是最出色的，但一定是最勤力的那一位。」

2016 年，Benny 獲隊友一致推舉為隊長，也是男子港隊第三任隊長。首位隊長李一強，早於棒總成立不久，便在 1995 年出隊

參加第一屆亞洲盃棒球賽時擔起隊長一職。至於第二任隊長，則是現任女子隊總教練區穎良，但已是時隔多年的事。

「可能跟我性格有關吧！」Benny 把當上隊長的因果關係，跟自己的性格連上。一頭向上束起的 Dreadlocks[13] 髮型，平日以型爆電單車代步，Benny 分享他在球隊內所種下的「因」時，需要尤其多聯想。

隨和、人緣好、情緒智商高，同理心強，凡事都愛從別人角度出發⋯⋯「隊長要做好教練與隊友的橋樑角色，例如曾有隊友提出，做戰術訓練不是不好，但礙於場地使用時間有限，何不充分利用時間，多做量的訓練？於是便向區 sir 和曾 sir 提出，在隨後的訓練中作出調節。」

全隊 20 人，背景不同、強弱項也有異，出現爭拗在所難免。

「曾試過一次在港隊練習賽事中，我跟一位防守球員就守位事宜出現爭拗，對方自覺是那個位置的專業，我卻有不同意見，比賽期間回到休息室時，就互相破口大罵⋯⋯完場後跟他說：不好意思，我剛才稍為大聲了，但我們沒隔夜仇。」

爭拗對於團隊而言，時而有之，Benny 卻放眼於其他領域。

「我對團隊的理解，最重要是彼此的目標一致，例如大家也想贏比賽，也就 20 多人透過不同方法一起努力達成。港隊內有

13　　Dreadlocks：雷鬼頭。類似電影《魔盜王》中傑克船長的卷髮造型。

譚浩賢情緒智商較高，凡事以和為貴，深受隊友歡迎，於是繼李一強和區穎良後，成為港隊第三代隊長。

20 多名隊友，我很難跟每一人稱兄道弟，只需清晰的目標。」
Benny 與兄弟們出師，也是為港隊的世界排名而拚。排名高，
資源就多，是常識。現時香港男子棒球在世界排名 30。

「我自覺在當打狀態，不論技術和心態上。本想在國際賽中為
港隊爭取更高排名，但一場疫情襲來⋯⋯惟有把目標定好在明年
亞運會。」

2022，對 Benny 而言，許多目標都要在預期中完成，包括退役，
包括做好教練角色，包括辦好全港首個室內棒球訓練場。球場
上，打擊球員把球擊出後，管它有全壘打的強勢速度，總有落
地的時候。猶如一場球賽，總有完場之時。正如 Benny，正如
他的隊友們。只是，有人要離場；有人卻巧合地遇上幸運，棒
球生命得以輪迴再生⋯⋯

誰說打棒球不可餬口

香港參與棒球運動的運動員，全都是業餘，隊中不是全職學生就是打工族。

「我算幸運，友人介紹我到廣告印刷公司工作，朝九晚六，在觀塘返工。收工後便可以從藍田站步行『長命斜』到晒草灣遊樂場，進行港隊訓練。老闆十分支持我參與棒球運動，每逢需要攞假出隊比賽或帶隊，他永沒托手睜，曾試過一個月只返了個幾星期⋯⋯記得去年初遞信離職時，同事告知原來我是負十日假，已一早預支放了十日大假！」

課餘或工餘時兼職棒球教練，是許多港隊球員的日常。能有多少時間就放多少時間在球場，都是他們對熱血的執着。

「高中時已在何文田棒球會任教，但後來球會教練愈來愈多，僧多粥少下便沒再教。至中學畢業後，經子彤介紹到深水埗棒球會當全職教練，最初是 T-Ball，現時是 U11。」

Benny 所說的全職棒球教練，其實主要是周六、日在地區球會教訓練班，再加每周最多四天的學校課外活動棒球班。「若遇上學校長假期或考試，便無法教。整體收入不算多，僅能糊口。」

「很想證明，打棒球也可搵飯食！行行出狀元。」Benny 這種「備戰」心態，一直待至 2020 年。

「Kenneth 夥拍我一起搞全港首個室內棒球訓練場，可教班也可供租場。現在的生意額總算可以維持生計。」

打棒球也可餬口。Benny 正是過來人。

赴台參加職棒春訓

職棒夢，誰個球員沒想過？對香港球員而言，哪怕是短暫的參與其中，也是賞心樂事。

2015 年亞洲盃賽事回港後，Benny 有機會前往高雄屏東，參加職棒隊義大犀牛 14 的春訓。同行的，是既是隊友又是好友的 Kenneth。

「區 sir 說由一投一捕去。整個春季集訓為期一個月，很難得的機會！但出發前曾擔心自己會否體力不支，現場訓練時才知大家只是重複練習基本技術。只見職棒球員們到場後，馬上各就各位的埋位練習，感覺相當專業。」

訓練時間由早上 9 時至下午 1 時，Benny 與 Kenneth 隨義大犀牛約 60 名球員一起進行場地練習。下午 2、3 時後則隨體能教練作體能訓練。

別以為他們需要額外加操，訓練精髓簡直就猶如香港消防員般。「最初練習，連續五天後即放兩日假，後期是練習三天就有一天假。直至四星期後訓練完結。」

除 Benny 與 Kenneth 外，同期前往台灣的尚有日本及韓國球員。

「完成訓練後有機會打一場熱身賽，我們的對手是韓國隊。起初還以為只打一局，怎知我在中場被調進場當捕手後，一直蹲至完場！我愈蹲愈緊張，因為比賽時職業投手的球威，跟他平日的很不同，球速是平日練習時的一、兩倍，以致我不時漏波，還弄傷手指！

一個月的春訓完畢，Benny 帶傷回港，要休息近一個月才能回復練習。職棒夢，是圓了？

「我是死了心！能入職棒隊，一直也是夢想，但在義大犀牛春訓後，愈發現自己跟職棒球員距離太大了。還是潛心做好眼前事，繼續強化技術，提升港隊水平……」Benny 早已回到現實。

14　義大犀牛：職業棒球隊，2016 年由其他
　　球團接手經營，易名為富邦悍將隊，為中
　　華職業棒球大聯盟之一。

香港棒總元老
甘當超級義工為棒球人移山

麥年豐

他，徹頭徹尾是水裏水裏去、火裏火裏去的人。
那裏需要他，他也義不容辭，只要跟棒球運動
有關。打從踏進球場起，球場內外也是回饋社
會的平台，他這麼認定。哪怕曲折，哪管緩慢，
從球員家長到香港棒總秘書長。這麼一走，已
近 30 年光景。

數年前，跟他有這麼一遇。

賽事當日，來了位看來頗有份量的前輩，隨意站在球場某角落觀看小小後輩們備戰與應戰，默默撐場，悄悄離去……他愛笑，愛 selfie 自拍。那年是 2018，他剛好滿 69 歲，最後一年以香港棒球總會秘書兼董事身份進出球場。

「麥生」，是麥年豐在棒球界內的專有代名詞。香港資深棒球人無一對他陌生。

相約這位前輩傾談他的棒球情，甫見面即收到他從手機發過來的訊息。

「那是我歷年出任與棒球有關的公職，你看看，應該有助你對我的了解。」心細如塵、準備充裕，是麥年豐前輩的專項。年歲要他退下來，但固有的待人接物還是早已入血。

香港少棒聯盟、香港棒球總會、亞洲棒球總會……從 1990 到 2018，近 30 年的職銜，全都來自這三個組織。有委員、區域總監、董事，也有刊物主編，但主要還是當秘書。

「退休前的正職，在香港中文大學商學院的辦公室做行政及系務秘書工作。因緣際會，多年來跟李 sir（李錦泉）拍住上。香港棒球總會成立後，他做主席，我當秘書。主席主力對外找資源，秘書主理整個組織的會務與發展。我倆尤其合拍，凡事以求同存異及大局出發，做起事來很有化學作用！」

1992 年，香港棒球總會正式註冊為非牟利機構，並成為本港其

中一個受資助的體育總會。翌年的成立典禮上，邀得時任立法局議員黃宏發任嘉賓，他是棒總最早期的名譽顧問之一。

「黃宏發當時是中文大學教授，也是中大教師協會主席，我倆因而認識。香港少棒聯盟年代，我也找過他出席賽事或活動當開幕嘉賓。」

怎也算是個體育總會，早已有角色定型，找來社會賢達當顧問也非難事。問題只是由誰成就事情的發生。

「棒總九位家長創會會員，除了我和李 sir，還有創會時出任副主席的郭樹霖、李永權等。我們的孩子，都是當年 Little League（香港少棒聯盟）的球隊球員。大家透過各自的專長和人脈網絡，出心出力幫忙總會發展。」

能夠緣聚，源於一個仲夏之夜，家長們相互分享香港棒球運動發展的夢。地點在香港中文大學。

「那時我們特地在中大舉辦棒球夏令營，參加的小朋友當中，除了少棒聯盟的球員外，尚有部分是中大教職員的仔仔囡囡。」

1990 年，首屆棒球夏令營招生，一下子已有四、五十人報名。

「其實當年沙田棒球會每逢暑期也為球員舉辦訓練營，並請來內地或台灣教練任教，球員獲益良多。我們一班少棒家長，碰巧正籌謀在炎炎暑假為球員搞什麼活動，於是我便提議舉辦專為少棒球員而設的夏令營。」

棒球運動，從來最缺的就是場地，還要在暑假的黃金檔期找到容得下兩、三隊球隊的球場，艱難中的艱難。

「我是中大職員，可以較相宜的價錢租用校園內的球場設施，也可為球員及家長安排食宿。於是想到與中大職員協會合辦棒球夏令營活動，除少棒球隊的球員是招募對象外，還有中大教職員的小朋友。既可為少棒球員提供暑期特訓，也能為從未接觸過棒球運動的孩子提供機會，希望他們日後也喜歡打棒球。」

首個為期四日的棒球夏令營，正式啟動，麥年豐當營長。每天大清早起來，在飯堂吃過早餐，一行數十人步行約廿多分鐘落山，到達夏鼎基運動場，開始當日首個訓練活動。籌辦活動的家長找來李 sir 的得意門生李一強當總教練，參加者早上先做什

麼熱身和基本訓練，下午做什麼體能練習、集體遊戲等，主要都是由他設計。

「學員以小學生為主，年齡由八至十二歲不等。最旺場的時候，曾試過有近 60 名小朋友入營。幸好場內的草地足球場有充足的地方，學員得以分組進行傳接球、跑壘及打棒等訓練，也有打友誼賽。我們把學員按年齡和能力分成若干小組，每組有兩至三名小助教。一強除落場指導外，還協調小助教們的工作分配。」

小助教團隊都是青棒或青少棒球員，部分的爸媽更是夏令營的籌辦者。麥生兒子麥雅明、郭樹霖兒子郭建衡等等，才十一、二歲，便首次執教鞭，協助督導比他們年紀小兩、三歲的學員。

「後來每一屆夏令營也有學員帶同弟妹一起參與,隨隊入營的家長都住進中大學生宿舍,首兩年在聯合書院湯若望宿舍,又住過伯利衡,再後期借到崇基的學生宿舍。媽媽們也就全程當義工隊媽,幫忙照顧學員。猶記得有媽媽因為擔心小朋友吃不慣飯堂膳食,一口氣買了十多個即食杯麵,供孩子夜宵之用,把小朋友的行李箱塞得滿滿的。」

「有一年,中大體育部早上突然收到通知,說影視紅星成龍要大駕光臨探營。我們如常在球場練習,成龍到場後也來試試擊球,結局打了個全壘打。我邀請他在球棒上簽名,以作紀念。那支由他親筆簽名的球棒,至今仍好好的存放在香港棒球總會的辦公室內。還有一段小插曲,事緣那支成龍簽名的球棒,原屬於一位少棒球員,我們把球棒取走了,並承諾買另一支簇新的球棒送他,他最初也是千萬個不願意的!記得當年那支新球棒也差不多 1,000 元,日本製造的。」

那年,1994。香港棒球總會成立後兩年。成龍一直是棒總的名譽副主席。

中大棒球夏令營,足足舉辦了七屆。沒有它,就難有棒總,許多棒球人也如是說。

「在首屆的夏令營,某晚我和幾位家長在湯宿對開的大草坪,聊起香港少棒聯盟,談起棒球運動的發展……」

九十年代以前,參與棒球運動的青少年,不論有多超卓,不論有多熱愛,只要年屆十五、六,球員的時鐘就被迫停擺。

「自從李 sir 在七十年代起加入香港少棒聯盟，Little League 才開始發展華人球隊，從 Minor、Major、Junior 到 Senior[1]，逐步發展下來。但由於參與 Little League 的主要以日籍球員居多，他們一般到 15 歲便返回日本升學，所以 Little League 的球隊，一直以來也只有 Senior 或以下的，到後來九十年代，才開始有 Big Leauge [2] 球員，但也只到 18 歲為止。當時在制度上根本沒有成人棒球訓練接軌，球員不是放棄棒球，就是只能當助教。」

這個在香港棒球運動存在多時的「無人駕駛地帶」，也得想法子把它開通。

「何不搞成棒訓練？」「如何能夠讓棒球運動更普及化？」「為何少棒訓練或比賽，只能在 KGV（英皇佐治五世學校）的草地足球場內進行？」「怎麼足球有體育總會，籃球有體育總會，連壘球也有體育總會，唯獨棒球沒有？」

那天晚上，麥生與家長們討論的延伸，是原地踏步和放膽跨越之間的抉擇。最終他們選了後者，並找來李 sir。

這個集體決定，來自十多位家長，包括麥年豐和李 sir。

1992 年，一個體育總會就這樣誕生。十多位決定參與的家長中，九位添加了創會董事身份。從夏令營家長的仲夏夢，到現實世界的夢成真，前後不到兩年。找贊助、找會址、訂定會章、跟政府官員磋商、聯絡國際棒球組織、制定球員與教練培訓藍圖、推動棒球運動普及化⋯⋯隨便找件事情跟進，也知如何費心力、費時間。更何況球員家長都是尋常家長，需要全職工作；更何況發展的好拍檔，總是離不開漫長。

「大家都是如揀石仔般群策群力，才能推進事情的發生！」

麥年豐等老前輩見面時常常話當年，讚嘆家長們的神奇魔法，更慨嘆中大夏令營的生命無法延續。

「李 sir 常跟我說，最懷念夏令營活動，很遺憾無法再辦下去，因為那裏孕育了許多超級家長義工，包括我本人。成立棒總，家長義工的角色當然舉足輕重，其後在許多棒球運動的發展里程碑中，也有夏令營家長的參與，例如後來接手搞深水埗棒球會的 Grace [3]、卸任前為棒總主席的葉偉光、現時棒總副主席（推廣及項目）梁得光等等。」

中大夏令營得以連續舉辦七年，場地是關鍵；1997 年，一年一度的棒球活動無奈停辦，也是場地主導結果。

「剛巧我們用來集訓的夏鼎基運動場和手球場也需要關閉，進行場地維護。之前也曾試過租用烏溪沙青年新村的營地，但場地設施未能符合我們的訓練需求，最終無法繼續。」

香港棒總成立初期，現有會址尚未正式運作，一眾家長就在李 sir 位於灣仔的辦公室處理行政工作，傾談會務安排。

1　少棒聯盟舉辦的聯賽，年齡組別分為 Minor B：6 至 9 歲（最初期尚未有足夠球員開這組別）；Minor A：10 至 12 歲；Major：10 至 12 歲；Junior：13 至 14 歲；Senior：13 至 15 歲。部分組別的年齡有所重疊，為的是要照顧球齡淺但又較年長的初學球員。

2　Big Leauge：青棒，16 至 18 歲。

3　李慧賢，人稱 Auntie Grace，義務參與管理深水埗棒球會工作。見本書序言。

「由於會務繁忙，我和李 sir 每隔幾天便見一次，有時在臨時工作室，有時是定期的董事局的會前籌備會議。我倆常常形影不離，彼此的工作默契，這就慢慢養成。」

一周七天，除卻中大的工作外，麥年豐能調撥出來的時間，都投放在處理總會的會務上。遇有棒總會議或跟進事宜，平日就從中大趕去，周末在球場上與家長董事聚頭，話題總是離不開棒總。

「一旦投入了，有了某個身份後，就一定要做得妥妥貼貼，這是應有的責任。正如棒總成立時，我和李 sir 都為總會訂立了發展目標，往後就要落實和跟進。」

一個體育總會的發展目標，怎可能一個起兩個止？但對香港棒球運動而言，最是扯後腿的，來來去去也是場地問題。

「總會成立後，我們即約見民政事務處等相關部門，為棒球運動尋覓場地進行游說工作。數年後從政府當局獲悉，位於藍田的晒草灣堆填區已完成復修工程，可發展成康體設施，我們就向當局表達希望在晒草灣興建全港首個棒球場的提議，作為港隊成棒的訓練基地和比賽場地。」

雙方經過多次討論，麥年豐等棒總董事們原以為香港棒球人多年來的夢——首個完全屬於棒球運動的訓練基地，快將成事。怎料民政事務處在一跟進會議中，除找來香港棒總代表外，還有香港足總代表。政府官員席間一句「球場要跟足總共用」，把兩位前輩——麥年豐和李 sir 嚇呆了！

「好不容易成功爭取政府興建全港首個棒球場，如何跟足總分攤使用時間？幸好那位官員明白我們的困局，也幫忙跟足總代表說：『棒總至今一個訓練基地也沒有，晒草灣就是一千零一個了。』最終足總也肯讓步，接受把晒草灣大部分場地使用時間都歸棒球。其實後來足總也甚少租用晒草灣作訓練之用，公眾人士租場踢足球反而較多。」

2004 年 4 月，晒草灣遊樂場正式啟用，場內的草地球場為香港棒球代表隊的指定訓練場地。目前，香港棒總在晒草灣的草地球場每月獲編配的使用節數，共 45 節，全用作培訓精英運動員和進行甲組棒球聯賽。其餘 20 至 25 節，則供團體及市民租用作棒球或足球活動。

儘管，政府在部門網頁簡介晒草灣的棒球場時，用上「標準」二字，但與真正國際標準比一比，許多該有的球場設施，晒草灣也沒有。例如可容納萬人以上的觀眾席、供傳媒採訪的記者室、賽事記錄員專用房間、讓投手熱身用的「牛棚」（Bullpen）等，一概沒有出現在球場的設計藍圖上。萬一有擊球員在比賽期間把球擊出外野位置，那裏卻不是棒球場範圍，而是足球場。但，相對香港少棒聯盟常用 KGV 球場的年代，晒草灣球場對許多棒球人而言，已是人類一大步。

有場地，就有發展，不難明的邏輯。當訓練成了提升技術的必然，能擁有一個固定而標準的訓練場，運動員方能定期接受更多體能意志的磨練，才能貼近國際水平，才有一登國際賽事的機會。

1995 年，香港男子棒球代表隊首次出征，參加第一屆亞洲盃棒球賽。那是亞洲棒球總會（BFA）[4] 主辦的亞洲第二級賽事。

「我們為參與該項國際賽事，開始成立港隊備戰，港隊亦開始常規訓練。當時場地並不固定，主要在馬仔坑的球場[5] 或石硤尾配水庫足球場練習。直至晒草灣球場啟用，港隊才有固定訓練基地，技術才有望達到參加國際賽事的水平。」

2007 年，即晒草灣球場啟用後三年，香港男子棒球代表隊首次取得「入場券」，參加第 24 屆亞洲棒球錦標賽（亞錦賽）。亞錦賽與亞洲盃同屬亞洲棒球總會（亞棒）舉辦，但以亞錦賽較高級別。

若要論資排輩，亞棒是亞洲地區最具權威的棒球組織，除亞錦賽與亞洲盃外，多年來在區內舉行各級棒球世界賽事，包括亞洲少棒錦標賽、亞洲青少棒錦標賽、亞洲青棒錦標賽等。

「棒總成立後，先後加入多個國際棒球組織成為會員，只為香港棒球運動員開路，增加參與國際大賽的機會。每年會費才不到 200 元美金，獲邀參加亞洲盃的隊伍，全程食宿均由主辦方負責，算來算去也相當划算吧！若非會員的話，任何級別的賽事也沒資格參加啊！」

這條路，愈寬愈好。根據香港棒球總會在《上壘》刊物刊登的

4　全稱 Baseball Federation of Asia。
5　馬仔坑遊樂場內的球場。受沙中線黃大仙段鐵路工程影響，部分用地已用作興建鐵路相關設施。

資料，棒總成立不久已陸續成為世界棒壘球總會[6]、亞洲棒球總會、中國香港體育協會暨奧林匹克委員會和世界小馬聯盟（PONY）的會員。

「作為棒總秘書，多年來先後十多次與主席李 sir 一同出席亞洲或國際性棒球會議，每次請假至少十天八天。初期，我倆跟范家和[7]常常三人同行，出席國際棒球總會、亞洲棒球總會等會議，人稱『三人幫』。」

「記得一次要到西班牙開會，我和范生提早一、兩天到達，李 sir 稍後才到，豈料卻發生了狀況。事緣我們經過馬德里熙來攘往的市中心時，我突被人撞了一下，這才發現有人扒走了我的錢包，內有信用卡和少許美鈔。當時其實即以九秒九神速追截扒手，擾攘了半句鐘，我和范生因不諳西班牙語，那扒手最終被當地的商店保安員放走了，我們只好無奈地找到附近的警署報案，如是者就浪費大半天時間！」

麥年豐是首位代表香港加入亞洲棒球總會的委員，四年一任，他就連續當了四任，從 2005 年起，共做了 13 個年頭，直至退休。他是第一，至今也是唯一。

「自從我退休後，香港棒總暫時也沒有代表獲選成為亞棒委員。委員有票選出會長及其他委員，香港沒有了一票，那就自然少了影響力。那裏都是一些跟我認識多年的資深委員，要進入組織，讓來自亞洲棒球地區的委員認識香港棒球運動的水平，也需要時間浸淫。」

近年，許多國際賽事如亞洲盃、亞錦賽、亞運會等，香港棒球

代表隊幾乎不愁沒獲邀參賽的機會。但說到香港作為東道主舉辦國際賽事，卻又未成氣候。

「其實只要會員國舉手，國際棒球組織也很開放交由會員國主辦賽事。但費用不菲啊！以亞錦賽為例，由於接待參賽隊伍的水平幾乎貼近奧運規格，包括食宿、保安等，一次主辦權，往往要用二、三百萬美元換取。所以過往主辦地主要也是日本、韓國及中華台北為多。」

6　世界棒壘球總會：World Baseball Softball Confederation，簡稱 WBSC。前身為國際棒球協會。

7　范家和：香港棒球總會成立後，常以港隊總教練、領隊、團長等身份帶隊出戰海外賽事。

資源當然是要考慮，但香港現有的棒球場地，就只晒草灣最接近標準。都說是國際賽事，沒達國際標準的場地又怎麼迎接各方棒球友好？

「沒有場地就不合舉辦國際賽事的資格！但我經常跟 BFA 會長和秘書長提及，香港晒草灣棒球場是一個接近正規的場地，可供棒球比賽之用，只是沒有其他配套設施而已，若有特殊情況，需要找主辦單位舉辦亞洲組別的次一級別賽事，很希望 BFA 可以給我們一個試辦的機會，香港棒球總會必定百分百好好地接待其他三隊參賽球隊[8]。於是，我建議 BFA 考慮讓香港籌辦第一屆亞洲盃女子棒球錦標賽，因為香港只得一個棒球場，僅可以讓四支球隊每天打兩場完整的賽事。」

「後來 BFA 派技術團隊來港再深入考察，提議再改善幾項設施，包括重鋪投手丘、加設場內圍欄的防撞護墊、改善投手在場邊熱身的設施等等。我們按改善方案修整設施，再於半年後呈交 BFA 審議香港棒球總會的申辦方案，最終獲得 BFA 委員一致同意，破格批准香港棒總舉辦第一屆亞洲盃女子棒球錦標賽！」

那是 2017 年。翌年，棒總又再度破格獲得第 12 屆亞洲盃東區賽的主辦權。

棒球在香港從來也不屬精英運動項目，少棒年代如是，香港棒總成立以來也如是。精英不精英，關鍵在於把該項運動投放到哪個發展循環中。

「政府對運動項目資助的原則，就是如該項運動沒有好成績，便較難評定為精英項目，也就不能取得較高級別的資助，更難

獲推薦參加亞運和奧運比賽。」

這是惡性循環。這是棒球運動多年來的現實。

「我們要想方設法在國際賽取得佳績，那是一個絕不容易處理的困局啊！既然沒有國際標準的棒球場舉行比賽，球員的水平只能有限度地提升，試問又如何能在國際賽事中拿到好成績呢！」

成績表不理想，想取得更多資源就是天荒夜譚。只要是棒球人，只要稍為熱血投入的，也想過如何推翻棒球運動的宿命。

「我們參加國際棒球組織，覓地成為港隊訓練基地，更刻不容緩的就是找教練訓練球員，訓練教練，推出註冊制度，把教練專業化……」

棒總最先找來的，是內地的棒球教練。1995 年，廣州體院黃祥茂教授和廣州鷹巢棒球場總監李平教練，獲邀來港在第一屆初級教練訓練班任教。

「要成績但只得有限資源，就得好好善用。教練的培訓內容和試題參考，我們參照中國棒總和中華棒協的資料。廿多年前，聘請一名內地教練來港任教，大概每月數千元，包食宿。通常外聘教練，開教練訓練班的同時，也要教港隊成棒和青少棒，就是連地區推廣班，也得落場。」

「後來想為港隊擴闊技術知識，便從台灣那邊找教練。其中我

8　　亞洲級別次一級的盃賽，最少也要四支球隊參賽。

最佩服的一位叫夏隆正，他之前曾受聘於沙田棒球會。夏教練的強項，就是配球能力相當強，只要觀察投手的動作或姿態，已能預計對方投出什麼類型的球，大概是哪個角度等等。」

首批由香港棒總訓練出來的註冊教練9，共 30 多人，散落到各類型訓練班，透過不同層次的課程，既要強化港隊練習，也要留住愛好者。

「最初開始時，在六、七個地區同時舉辦十多班地區推廣班，包括界限街、樂富、太子大坑東等，課程劃分成人、青少年及兒童班，原意就是在各區推廣棒球運動，順道發掘有潛質的球員。」

地區推廣班起動時已獲政府資助，不到 100 元就能上全期約三

個月棒球課程,怎會不受歡迎?於是,麥年豐又要幫忙在教練供應鏈上籌謀。

「那段時間,我是教練培訓組的當然秘書,也參與教練培訓工作。最初參加培訓課程的,絕大部分也是球員家長出身。但一時三刻也難把教練數目提升,遇上地區推廣班不夠教練,我就幫忙一下,通常在周日教班。」

「每期地區推廣班課程完結後,我都鼓勵教練和參與球員組織球隊,參加 Little League 的比賽。與此同時,推動家長們組織地區球會,聘請棒總訓練出來的註冊教練,希望棒球運動能夠遍地開花,愈多人參與正規訓練,愈能發掘具潛質的球員參加港隊。後來深水埗、何文田、香港仔棒球會等相繼成立,球會上下也很積極參與棒總舉辦的隊經理和教練培訓課程。」

麥年豐與同路人同行,積極參與是主調,事必躬親則是他自定的遊戲規則。哪裏需要他,他就往哪裏去。

「香港能派代表參加海外賽事,需要有領隊帶隊出發,我便當上領隊來。」

「猶記得 2014 年暑假帶 U15[10] 到墨西哥打世界盃賽 [11],由於當

9　即獲香港棒球總會頒發初級教練證書者。

10　U15:15 歲或以下的青少年。

11　IBAF 15U Baseball World Cup。國際棒球總會(IBAF)2013 年起與國際壘球總會(ISF)合併,易名世界棒壘球總會(WBSC)。由於國際棒球賽事通常需要在四年前籌劃,所以即使 IBAF 已於 2013 年易名為 WBSC,隨後的兩、三年仍見由 IBAF 舉辦的賽事,直至 WBSC 新一屆周年大會正式改選會長,和釐清各董事在棒壘的分工後,才開始全面接辦各項國際棒壘賽事。

時墨西哥局勢關係，我們往返球場也需要由軍警開路。有一天，我要帶同球員到超級市場買補給小食和飲料，沿途也有五、六名軍警隨行，好不威風。前後 11 天的旅程順利完結，但返港那天早上，因航班延誤，擾攘了數小時仍未能起飛，許久後才獲悉因機位出現問題，必須輪候點算人數才能登機，但最終仍欠四個機位。我身為領隊，當下決定帶同三個球員留下來，其餘球員則先隨教練回港。我們四人乘搭夜機轉飛上海，翌日再由上海返港，旅程是轉折了，但慶幸無驚無險，而且還賺了一程商務客位的優待。」

早於棒總成立翌年，已訂定香港棒球代表隊領隊的資格，包括必須為棒總的註冊教練，熟悉國際棒球的發展，以及有管理棒球代表隊的經驗等等。

麥年豐管理球隊的經驗，早於少棒聯盟時期已萌芽成長。

「中學舊同學原是少棒 Minor 領隊，但因工作太忙，常找我幫忙代勞，後來索性由我來頂上。反正都不是太複雜的工作，例如整理球隊球員比賽名單、維持紀律等等。通常領隊的太太就做隊媽，主要為球員準備訓練後的小食。」

麥年豐踏進棒球場的故事，也是許多球員爸媽的剪影。

「事緣那位中學同學，他在夏威夷讀大學時常看棒球賽事，雖然自己不懂打，回港後特地為兒子找上棒球訓練班。我倆兒子的年歲差不多，他就推介一起玩。」

麥生十歲的兒子，獲安排入勇士隊；友人的兒子，則在熊貓隊訓練。

「我帶兒子報名參加棒球訓練班，入到 KGV，在場的人知道來意後便即喊：『搵李 sir 啦』！」那是 1989 年的事。

KGV，英皇佐治五世學校，位於九龍城天光道。棒球前輩常常提起它，那年代的少棒訓練與賽事，它幾乎是主要場地。

那年，李 sir 主理香港少棒聯盟的少年棒球隊 —— 熊貓隊（Panda）和勇士隊（Braves），既是教練又是華隊聯絡人。

棒球場上見真心、遇知己。麥年豐和李 sir 自 KGV 相遇後，就從香港少棒聯盟年代起，無間斷地協同合作。

李 sir 在香港少棒聯盟出任首位華籍家長董事代表，麥年豐在球場上當助教及領隊；李 sir 出任區域總監，麥生就在香港少棒聯盟當聯席秘書長或區域總監助理；李 sir 在千禧年代辭任區域總監，馬上就找來麥生頂上。直至香港棒球總會成立，二人就是分別以主席和秘書之名，與許多同行家長前赴後繼為香港棒球運動出心出力。

九位家長推動成立香港棒球總會的初心，就是想成為少棒球員的橋樑，讓熱愛棒球運動的青少年能有向上流動的機會，從而有繼續留在球場的選擇，而不是中途遺憾離場。

原本的理想藍圖內，棒總能夠為香港少棒聯盟體系的青少棒球員提供更多出路。但現實與理想，常常太多落差。

「其他地區的 Little League，也是屬於當地棒球總會之下，彼此分工合作推動棒球運動。香港棒總成立初期，我們跟香港少棒聯盟也有過相互合作的蜜月期，彼此也曾有分工合作的目標，並曾於 2001 年合辦香港少棒聯盟遠東區賽事，由棒總向政府申請資助。」

分水嶺出現於 2005 年。

「雖然華人少棒球隊沙燕隊在 1983 年本地少棒聯賽中，首次擊敗日本隊奪冠，但仍無法打破香港少棒聯盟以日籍球員入選明星隊（All Star）的傳統。李 sir 在棒總成立初期，除在棒總任主席外，也同時在香港少棒聯盟兼任區域總監一職，作為兩會之間溝通橋樑。當時他已決心優化 Little League 沿用已久的選拔明星隊球員制度，包括希望至少也有數名華人球員入選，又提

議修改每年聯賽冠、亞、季軍球員入選 All Star 的比例，以及明星隊的教練委任條件等等。」

香港少棒聯盟一直是民間棒球組織，每年向總部在美國的世界少棒聯盟申請註冊，舉辦少棒甲／乙組、青少棒和青棒的聯賽，以及選拔明星隊參加世界少棒聯盟的遠東區外圍賽。

「兩個組織合作數年後，Little League 內有人提出，該會規章訂明香港少棒聯盟不應隸屬任何當地的棒球組織，剛好李 sir 想全心發展棒總，於是在 2005 年退任 Little League 的區域總監，區域總監一職則由本人接任。兩年後，由於棒總的秘書事務繁忙，我也辭任了 Little League 的所有職務。」

那年後，兩個組織，各自在不同層級中發展，幾乎沒任何交集。香港少棒聯盟依舊每年舉辦本地少棒聯賽。香港棒球總會則成了奧林匹克委員會唯一認可代表香港棒球活動的組織，負責選拔香港代表隊參加東亞運、亞運、城市運動會和奧運會的賽事，每年定期舉辦教練培訓班、裁判培訓課程、地區推廣班、本地青少棒聯賽，以及男子組和女子組成棒聯賽⋯⋯

香港棒球圈抽屜內的文化，球員家長對棒球運動的熱血，緣起於孩子們的投入，當孩子不再進出球場後，能在球場上再跟那位家長重遇的機會，不是沒有，只是渺茫。

麥年豐是難得的極少數。他兒子也曾是港隊代表，但自從大學時期到美國升學後，從此沒再披甲上陣。爸爸麥年豐卻沒選擇退下來。

「投入做社會服務吧！回饋社會，我只是選中了棒球！」麥年豐把這項「社會服務」，定好在 2018 年作結。在此之前，他是香港棒球總會的秘書長兼董事。

是時候退下來，緣於遇見與他一樣熱血有心的年輕人。「樂見新一代的棒總人都是有魄力為棒球運動的。發展不是一步到位的，需要繼續邁步啊！」

腳步不停、穩步向前。齊心同德，努力追夢！麥年豐如是說。

《上壘》主編趙耀靈
文人風骨堅執初心

跟棒球前輩談香港棒球歷史，說到年份事蹟，總聽他們溫提道：「翻看一下《上壘》吧！都記錄了你想知道的棒球事。」

《上壘》是香港棒球總會的刊物，棒總的歷史有多久，它就有多久。

「棒總是一個大家庭，當中有報章編輯，亦有大機構的行政人員，大家都一致認為一個體育總會必定要有一份定期刊物，介紹香港的棒球活動和國際棒球的發展消息，因此就馬上為會刊徵名，並推舉趙耀靈先生擔任主編，如火如荼進行出版創刊號了。」

「趙先生是一位學識淵博、溫文儒雅的報人。他一直擔任《上壘》的執行主編，並堅持定期出版！千禧年代之初，因財政赤字連年，曾有董事建議暫停出版《上壘》，趙先生和多位董事均極力反對停刊，理由是本會既沒有正規球場舉行大型國際賽事，我們一定要好好守住這塊筆耕園地，讓更多香港以至其他棒球發展先進國家和地區，也知道香港一直有一群熱心人士，在香港默默堅持推廣棒球活動。我們這份堅持，正好填補無場地的缺口，令世界棒球強國也為之動容，令香港棒球總會可持續在全球各地的棒球園地發熱發光！他功不可沒！」

爸媽打氣團元祖
家長八達通　平凡見不凡

胡雪岡

T KONG

球場內外，人人對他都以「胡生」尊稱。若說兒子倆是棒球熱血男，他就是比熱血更熱血的尋常爸。從旁觀者轉型到球員和教練，要他客串賽事記錄員或執法裁判，沒甚難度，那是他 30 年滴漏而成的功力。當手腳靈活不再，便在觀眾席上當啦啦隊，組織家長打氣團四出為港隊撐場。能留在球場內，多好！

《點‧五步》上畫時，香港棒球總會特地舉辦一場電影放映籌款活動，當日還請來片中演員出席分享會，跟在場觀眾互動對談。台下的胡雪岡聽得入神，他沒多久前才換掉印有 Bombers 的教練球衣，從太子大坑東的棒球地區推廣班趕來。

「謝謝支持！」、「謝謝你們到來！」……

胡雪岡以一貫以禮待之的作風，向前來捧場者致謝。畢竟，他的兒子胡子彤也在分享會嘉賓之列──片中飾演沙燕隊捕手細威一角。

胡子彤在後來的第36屆香港電影金像獎（2017年）中，奪得「最佳新演員」。那天起，公眾認知他的身份，在業餘棒球運動員之上，還添了演藝人一項。

「這幾年子彤忙於拍戲，但仍記掛棒球運動，每有機會比賽，他都很想參加。今年9月舉行的全運會，子彤也有歸隊的打算，但疫情關係，未計賽事日程，到內地後要14天隔離，回港後又要14天隔離。工作是不等人的，尤其娛樂圈。實在很艱難的決定！」

胡子彤跟棒球，那份鍥而不捨的浪漫，並非一蹴而就。

「哥哥胡子鋒九歲開始棒球運動，每逢周六，也在黃大仙摩士公園的球場練習，我們也一定帶子彤前往，很想兩兄弟一齊參與。但每次問他是否想跟哥哥打棒球，他總是說不！」

當哥哥小小年紀已在深水埗棒球會任教練時，只有六、七歲的胡子彤，周末進出的場地，仍是網球場。直至他11歲那年……

「子彤曾在黃大仙區分齡賽中奪冠，於是他滿心期待在全港運動會的網球賽事中取得好成績。怎料一個滑鐵盧，賽果不似預期。少年玻璃心碎，他自此決定不再打網球。」

時機這回事，遇上的話也得好好把握。

「見他失落於網球場，於是馬上帶他到棒球場去！」

鍥而不捨，是父傳子的。子彤從此啟動他的棒球訓練，就在哥哥任教練的深水埗棒球會。

「他入『深水埗』即打 Major，因為當年球會剛發展，只得 Minor 及 Major 青少棒組別，約兩年後便轉到另一球隊 Athletics 打 Junior 青棒。沒多久便以 15 歲之齡入港隊 U18。」

棒球家庭的簡易成長程式，當設定孩子的興趣指數往上升時，爸媽的投入度也隨之加大，那麼多參與球會事務便順理成章在等號的另一端。這是香港少年棒球聯盟（Hong Kong Little League）七十年代「落戶」香港後，家傳戶曉、根深柢固的傳統。

「Little League 推廣棒球是家庭運動（Family Sport），要求家長一定要參與。所謂參與，不只是陪伴孩子訓練，而是與其他家長分工合作參與球隊管理，協助球隊發展。例如做隊媽、隊經理、當記錄員、裁判等，每位家長各自也有角色。」

隊媽及隊經理，一個猶如「保母」般關顧球員飲食健康，另一個是代表球隊作內外聯絡的管理者。別以為都是輕易入門的角色，更絕非人人也想爭相搶佔的崗位。

胡雪岡先後把兩名兒子帶進球場，但小兒子胡子彤（圖中）到後來才愛上棒球運動。

「通常都是問家長：『你做隊媽或隊經理好嗎？』誰有時間做，誰就幫忙做，不涉及任何選舉程序。這些崗位的工作性質很仔細，從幫忙買球員訓練或賽事後的小食飲料，到聯絡隊內家長、協助執行球隊政策，還有球隊每次訓練，每次也要到場，幫忙準備器材或 set 場等等，都是很花時間費精神的工作，不是每位家長也願意付出。」

有人覺得是犧牲，有人卻認為熱血才是關鍵字。

「愈是認識棒球，愈想參與更多。棒球運動的吸引之處，實在太多。對球員而言，棒球運動有助鍛煉反應和專注力；作為一個團體運動，家長是不可或缺的持份者，每個周末都能享受球場上的親子共聚時間。」

大兒子接受棒球訓練的最初一、兩年，胡雪岡在球場旁揣摩學習，遇上較資深的家長，就相互分享切磋。不明白之處，透過書本世界把知識層面提升。

「那年代香港沒有本土的棒球運動書籍，就是現在也相當缺乏啊！即使找到了，大多是英文書，其餘就是台灣出版的。」

棒球的引力，把胡雪岡的生活重新換上另一個組合。從前每逢周末的指定活動——踢足球，也得退場。

「周六日都要帶兒子到球場去，或訓練或比賽。最初改在平日放工後踢足球，但後來逐漸淡出，能有時間的，都希望能投放在棒球上。」

球員家長的資歷隨年月累積中，胡雪岡也想換成兒子倆的身份，成為賽事中的跑者 [1]、擊球員、在內外野防守……

「有棒球友好發起組隊參加本地聯賽，我立即舉手入隊。」

那位棒球友好，許多香港棒球前輩也不陌生。

「子鋒九歲那年首次接觸棒球運動，加入少棒聯盟球隊 Bombers，原本的教練范家和 [2] 及梁志遠 [3] 在一段時間後離開球隊，其時有位時任警司的球員家長李君興不想 Bombers 因而無法繼續運作，於是決定自行管理球隊，並當上教練來。」

李君興後來在參加香港棒球總會舉辦的本地聯賽，組了一隊為數 15 人的成人棒球隊，也叫 Bombers。球員都是一群棒球業餘愛好者，包括胡雪岡。他在隊中主要司職外野或一壘。

準是香港棒球總會成立後為棒球運動注入更多能量，地區推廣班、指導員課程、教練培訓等陸續面世。許多默默地熱愛棒球而苦無途徑參與的尋常公眾，終有機會從日本漫畫世界 [4] 摸索中返回人間，如願地在球場上當擊球員打全壘打、當投手把擊球員三振出局……

1　跑者：棒球賽事中，攻方負責跑壘任務的球員，稱為跑壘員，簡稱「跑者」。「跑者」需要觸踏一壘、二壘、三壘，最後回到本壘後，才算得分。

2　范家和：香港棒球總會成立後，常以港隊總教練、領隊、團長等身份帶隊出戰海外賽事。

3　梁志遠：香港棒球總會創辦裁判學院，梁志遠任首位裁判長，訓練香港裁判。裁判學院一直運作至今。

4　日本漫畫：不少香港棒球人也因看過日本漫畫《Touch》、《童夢》等而愛上棒球。

1995 年，香港棒球總會舉辦第二屆全港棒球賽，在乙組賽事中，Bombers 勇奪冠軍寶座。

那個把全隊球員的喝采聲兼收並蓄的獎盃，一直好好的存放在胡雪岡家中。它是他當球員以來最好成績的憑證，也象徵他與球員身份連結的過去完成式。

「之後沒有再參賽。一次練習時不慎遇上意外啊！」

那時候，胡雪岡周六日進出球場的身份是球員家長，平日黃昏後，總有兩、三晚切換成熱血球員，與隊友練習備戰本地聯賽。

「我們除了棒球練習，間中也隨李君興到天光道的壘球場打壘球。大概一個月一至兩次吧！」

壘球跟棒球，可說是「姊妹運動」。當棒球被認定是男生專屬的運動時，壘球的出現，原是為女生而設，所以壘球跟棒球的球例十分相似。若要區分棒壘之別，一般以壘球較大較輕、場地較細、投手投球須由下而上拋球等。

雖說壘球運動較多女生參與，但由於在香港棒球總會成立前，棒球球員到 15 歲後便缺乏制度及訓練上的承接，故不少熱愛棒球的男生選擇轉打壘球。後來也有球員同時進行棒壘運動。

「有天晚上練習壘球，我反手接過隊友的球時，左手被球撞到，或許撞擊力大，接球接得不到位，故就算戴着手套，手指也感疼痛。回家後見左手手指尾出現輕微腫脹，痛感一般，原以為沒大礙，但睡至半夜時，手指的痛把我弄醒，翌日起床後馬上

到醫院去。」

隨後在醫院內的經歷，胡雪岡以「笑話」作註腳。

「當時手指痛得要命！入到急症室時，那醫生問我：『你做哪一行？如果你教琴的話，恐怕以後不能再教！』因為左手手指尾的骨給打碎了，需要做手術，鑽孔鑲螺絲做固定支架等，於是醫生便繼續問：『你想做完手術後，尾指要直？還是有少少曲？』」

一旦鑲了支架，胡雪岡的左手尾指，這輩子只能靠固定支架撐着，失卻活動能力。所以支架的形狀，決定日後尾指的形態。

「少少曲吧！」胡雪岡想沒多久的最終決定，單純地從能否繼續參與棒球運動作考量。

「還要戴手套啊！手指直直的，如何能穿上？」

手套不能戴上，等於往後的日子跟棒球運動絕緣。儘管胡雪岡把急症室醫生的提議定性為「笑話」，卻實實在在地影響他在球場上的角色。

「那是我參與棒球運動以來最傷的一次！足足半年後才拆傷口。」

棒球場上意外受傷，非鮮有奇聞，但當遇上類似胡雪岡的「重創」，選擇傷後離場是不少棒球前輩的錐心決定。半年或一年後能否再成為另一條棒球好漢？天知曉。哪怕只是根小小的尾指給擊撞至骨碎。

「傷後沒再參加球隊訓練。手指固定微曲，雖可戴手套，但已較難在接球時握實手套，所以也沒辦法，很不捨！」但胡雪岡沒計劃遠離球場。凡跟棒球有關的，只要能幫上忙，他總是勇字放頭頂。

「後來用上較多時間帶港隊出外比賽，也不時碰巧兒子是港隊代表之一。」

香港棒球總會自 1992 年成立後，香港棒球運動員參加國際賽事的機會，隨之而來。每趟出征海外，一行約 20 人，兩名教練領着十多名球員，隨團還需要有一名領隊，幫忙處理所有行政雜務，例如代表港隊跟主辦方開會、溝通和接洽、跟進球員及教

練的食宿、當地交通安排等。

「最初港隊出隊，主要由棒總當年的秘書長麥生（麥年豐，見本書第六章）做領隊，前港隊總教練范家和當教練。後來麥生找我幫忙當領隊，他就做團長，范生繼續以教練身份帶隊，我們三個常常拍住上。遇有亞洲盃賽或青少棒賽事，幾乎也由我們仨負責。」

當領隊也不是想做便做，不獲發任何報酬是慣例，還得出心出力出時間。不難想像，每次出隊，賽程五至六天是基本盤，對打工族而言，年假數目是一回事，是否願意把年假奉上又是一回事。

「我全年有十八日年假。曾試過一年四次帶隊出外，那年的年假都給用盡了！曾因為當領隊而連續五、六年沒有跟家人到外地旅遊，總是要預留假期做領隊。」

2010 年，第九屆亞洲盃棒球賽於巴基斯坦舉行。胡雪岡獲邀做港隊領隊。當年胡子鋒及胡子彤也在出隊的港隊名單上。父子三人難得巧遇出發，向來對棒球運動也相當投入的胡太，想必也嚷着同去撐場吧！

「她堅持不准我們去！當年巴基斯坦政局不穩，一家四口，其中三個都往那裏去，萬一出了任何岔子，她如何是好？着實很憂心！」

胡生胡太討論了好一會。談判結果的最終回，胡太願意讓步，三父子得以如期出發。

「最初胡太堅持也要隨隊同行，一家四口一齊出發。但由於主辦方拒絕接待，胡太在沒辦法之下只有無奈放行！」

「賽程短短五天，雖然算不上十分驚險，但畢竟首次在動盪不安的氣氛中進行賽事，確實遇上許多第一次。先是到達當地機場後，即有軍隊護送我們到軍營內，因為數天賽事也在軍營內的棒球場進行。我們全隊人的起居飲食，都在軍營，沒人能夠隨便出營。」

不過，胡雪岡卻得了一次離開軍營的機會。「我們有正選球員在比賽前右手受傷，需要到醫院接受治療。工作人員幫忙找了當地的十字車，從軍營載我們到醫院。感恩沒出任何事。」

不時有傳媒報道，在政治動盪的國家中，十字車等救援車輛往往是襲擊對象。

「沒想到這些了！根本驚不來，那次承諾當領隊，就知道是比任何一次都危險。」

「其實除有個晚上聽到不知哪裏來的槍聲，其餘時間也算平靜。只是當地每晚平均溫度也達攝氏二十七、八度，軍營內不設空調，只有風扇，但久不久停電……」

最後一場冠軍爭奪戰，港隊敗給主辦國巴基斯坦，屈居第二。港隊上下齊齊整整回港。

雖不是什麼令人津津樂道的經歷，但總算稱得上難得。胡雪岡偶爾把當領隊的難忘事在球員家長圈中開心分享，正如最初麥年豐找他做港隊領隊時，也常分享他的經驗之談。

「我跟麥生早於 Bombers 少棒球隊時認識，那時我倆的兒子也在 Bombers，子鋒參加訓練，麥生兒子就是助教。」

談起 Bombers，胡雪岡總是繫上情意結。他唯一一次參加成棒聯賽隊伍，正好叫 Bombers，還拿下冠軍獎盃。他淡出球場前的身份正是 Bombers 球隊教練，但此 Bombers 屬香港棒總舉辦的地區推廣班球隊，跟早年前警司李君興接手搞的 Bombers 少棒球隊，是兩回事。

胡雪岡在早年的少棒球隊 Bombers 結識了許多球員家長，感情要好，其中一位家長陳啟明，二人後來也成了香港棒總地區推

廣班 Bombers 球隊的好拍檔。

「陳 sir 兒子也曾在李君興早年的 Bombers 球隊訓練，他本人在棒總位於太子大坑東的地區推廣班任教練多年，至今年（2021）才正式退下來。初期跟他一起教推廣班，完成課程後要組隊參加棒總舉辦的新秀賽，參賽隊伍需要有隊名，我們想來想去，還是決定沿用 Bombers 這隊名，連 logo 及制服的式樣，也是參照當年的 Bombers。」

胡雪岡任港隊領隊多年，本身也是註冊教練，主要在地區推廣班任教。若要胡雪岡算一算這輩子的棒球教練年資，他毫不猶豫分享說「幾乎全都來自地區推廣班的 Bombers」。

「最早期曾教過親子班，到後來才跟陳 sir 一起在太子大坑東地區推廣班教少棒。我喜歡教小朋友，慢慢向他們灌輸棒球的基本知識，讓更多小朋友認識棒球運動，對棒球萌生興趣，很有成就感。這也是棒總舉辦地區推廣班之目的。」

在香港棒總註冊的棒球教練中，不少跟胡雪岡一樣，並非從小就背着球員身份，套用棒球圈的慣用語，他們都不是「紅褲仔」出身，只是當發現自己跟孩子一樣迷上棒球後，就想方設法增進知識、強化技術，繼續享受棒球運動的樂趣。

「雖然大家都是拿着註冊一級教練的資格，但如我這般的教練，最多只能教教地區推廣班。始終我們跟從小接受訓練的球員，起步點不同，技術水平有異。莫說港隊，許多地區球會對教練也有一定的水平要求。反正大家為不同群組提供不同需求的棒球訓練就是了！」

不過，許多事情總是扣連例外。

「我首次以港隊教練身份帶隊出賽，也是唯一的一次。」

2008 年，第五屆亞洲青少棒錦標賽在日本舉行，兒子胡子彤也在出賽港隊之列。原定獲安排當領隊的胡雪岡，卻因行政調動關係，陣前換為教練身份。

「出發前分別找了我和另一位當領隊，二選一之下，因為我是註冊教練，於是換上我當隨隊教練，而總教練則是麥生的兒子麥雅明。」

跟兒子同團，還要當上有權調動出場次序及位置的教練，有些

關節位，胡雪岡尤其懂得閃避。

「都交給總教練決定，我全程都不表意見。避嫌啊！」

胡雪岡以同理心先行的待人接物，在哪裏都管用。棒球圈中人遇見他，愛以「胡生」尊稱。棒球前輩找他，總是為了某些重任而來。有地區球會周年聚餐活動，胡生必定是受邀的座上客。

「子彤在『深水埗』學過一段時間，其後也在球會當教練。子鋒基本上從『深水埗』創會不久，一直任教練至今。球會每年的聚餐，也會邀請我和胡太出席。」

胡雪岡與深水埗棒球會，又是另一種緣。跟棒球前輩談起「深水埗」，都說這個地區球會得以於 2000 年創立，香港棒球總會勞苦功高。創會時的球會註冊法人全都是家長，多少也把香港少棒聯盟時期家長參與的傳統，傳承到地區球會的發展上。

「最早管理球會的家長早已不在，有的移民，有的因為自己孩子沒再繼續棒球訓練而離開。接棒的家長，例如 Grace [5] 及 Sam 爸 [6]，一直幫忙管理球會事務至今，就算兒子已然長大，仍對球會很有承擔。現時二人仍是球會的註冊法人。」

胡雪岡兒子胡子彤到深水埗棒球會訓練時，Grace 兒子何頌衡已隨胡生大兒子胡子鋒訓練。

「Grace 尤其疼愛子彤和子鋒兩兄弟。子鋒小小年紀在『深水埗』開始任教，且碰巧『深水埗』有意進一步發展的時候，想找來較有經驗的教練協助球會。子鋒在 Athletics 青少棒球隊時，

穎良（區穎良）曾是他的教練，一個很有心很有熱誠的教練，於是我向 Grace 推薦穎良，子鋒幫忙聯絡。穎良在『深水埗』當總教練一直至今。」

只要是棒球事，胡雪岡就當成最當前的急務，分秒必爭把它好好完成，單純的、沒機心的。當知道本書難得記錄香港棒球人故事，需要找誰幫忙，他就翻開手機電話簿，幫忙穿針引線。香港棒球圈比任何地方都細小，好人好事，總是光速傳千里。他多年的棒球網絡，沒懸念的隨年月俱長。

「我從沒在球會內有過任何名銜，也沒當過隊經理，包括『深水埗』。不太喜歡掛什麼名銜，性格使然吧！反正是否隊經理，我也得幫忙處理球會事務。那時候子彤在深水埗棒球會打 Major，正值球會成立之初，需要購置訓練器材，例如發球機等，我便幫忙訂購，代為組裝。」

胡雪岡是飛機工程人員，機件組裝等事情，都是舉手之勞。

「多年來的工作相對較穩定，自從接觸棒球後，向公司提出不作加班的要求，工作時間主要在周一至周五，以確保周六日也可跟兒子在球場中度過。」

當年九歲的子鋒初進球場，對棒球運動仍是零知識的時候，胡雪岡與兒子共同起步、一起探索，每有增加棒球運動知識和技術的機會，他也毫不吝嗇地用時間作等價交換。

---

5   Grace：李慧賢，參與管理深水埗棒球會工作，現為該球會註冊法人。

6   Sam 爸：梁偉鴻，港隊現役投手梁家豪爸爸，現為深水埗棒球會註冊法人。

棒球家庭的成長程式啟動後，從球員家長的角色，進化為記錄員、指導員、註冊教練，跟棒球有關的專業資格，他幾乎都有，除卻裁判。

「最想考的時候，因工作關係時間遷就不來。後來見不是經常參與的崗位，沒有再特別上課程。」

不是註冊裁判，但要胡雪岡在球場上執法，也沒甚難度。

「當年 Little League 總也在少棒聯盟賽季前，教懂大家一些基本球例，以及如何計分、如何幫忙做裁判等，預備在即將舉行的少棒聯賽中擔當不同崗位。一般相約家長到 KGV（英皇佐治五世學校）的球場，用上一日或半日講解，有時是由日本教練，

有時是 Little League 的工作人員。」

裁判或記錄員,都是球場上專業或權威的崗位,沒受過訓練總不能隨便當上吧!香港少棒聯盟時期,沒有專業課程,只需要有心的家長。

「家長只需在分紙上圈一圈好球、壞球、幾多個 out(出局)等,不難學懂,且較多機會學以致用。相比現在,雖說球會家長仍按傳統在每個賽事中充當記錄員,但他們手上的分紙,要填寫許多項目,包括擊球員的擊球數目、是安打是全壘打等。若要成為賽事的官方記錄員,還得完成課程後才能在球場內作賽事記錄。」

要一嘗如何當個球場上的執法者,上過「速成班」的家長即可落場「實習」。

「家長需要輪流當裁判。每場賽事中,每隊球隊派出兩名家長,通常一個做一壘審、另一個做三壘審,主審則由較有裁判經驗的家長出任。我最初也是當一壘審。」

家長都是為自己孩子打氣而來。賽事現場,既要當啦啦隊,又要做公正嚴明的裁判,最是角色矛盾的體現。

「記得一次比賽,子鋒有份參加,剛巧我獲編配做一壘審。但實在較難拋掉家長的身份,尤其當見到子鋒或其他球員面對困局或出現 error 時,就情不自禁地喊了出來。曾試過攻方擊球員把球打了出來,我們守方球員接了球後不知道該把球傳到哪裏去,我便喊:『掟一壘!掟一壘!』根本忘記了裁判角色,一味

兒記掛子鋒或其他球員打得好不好，提示他們該如何面對。其實許多家長也有類似經歷！」

從家長的視角看球賽，心無旁騖、專心致志的，成了胡雪岡的嗜好。不論規模，不論本地或海外，他都愛看。

2009 年，第八屆亞洲盃棒球賽在泰國舉行。港隊代表有區穎良、梁宇聰、曾健忠、趙嗣淦、胡子彤等。兒子有賽事，胡生胡太幾乎從沒缺席。既然子彤首度出戰亞洲盃，能有機會親身到現場打氣，自然是錦上添花。

「那年我首次組家長團到海外看球賽，全團共 14 位家長到泰國為港隊打氣，氣氛很好。我們出發前問棒總取了香港特區區旗，到場後在觀眾席拉起，又戴上同一樣式的港隊球帽（沒區旗的）。遇上打氣位，我們都會喊『香港加油』！」

香港爸媽打氣團的氣場太強了吧！連當地電視台也吸引過來做訪問。

「或許過往一直鮮有外地人來撐場。其實泰國的棒球賽事氣氛跟香港差不多，基本上甚少人喜歡看球賽。」

六日賽事完結，八隊參賽隊伍中，香港排第四。

亞洲盃之後，還陸續有來。下屆亞洲盃、全運會、亞運會……能夠組團的，家長打氣團就「隨時候命」。

「每次的團友主要也是十位八位家長，都是跟我們一樣，很喜

歡看球賽。其實有很多家長多年來一直支持兒子參與棒球運動。有些家長習慣了逢兒子訓練必到，就算兒子已 30 來歲，也無間斷地到晒草灣球場，默默地在旁看兒子在港隊的訓練。」

胡雪岡的「睇波熱」，就算港隊陣中沒有兩名兒子，也依舊相約家長組團出發。

「最近一次我和胡太一行廿多名家長到印尼看亞運會的棒球賽事，子彤因工作關係未能隨隊出戰。每次出團，撐港隊睇賽事，也順道跟其他家長聯誼。只要港隊再出隊，能抽時間、能成團的，家長打氣團也會出團。喜歡的事，自然特別享受！」

30 年！從球場栽種出來的情愫，總是繞着球場打轉。儘管，每

個階段也換上不同角色與身份。

「孫女兒不久前進了『深水埗』的 T 波班，每個周六下午，我大部分時間都在石硤尾配水庫球場。」

同一個場地，大兒子胡子鋒所教的 U16 才完成訓練，下午 U11 的訓練又快要開始了。胡雪岡很多時帶同孫女到場，練習傳接球、學習如何跑壘。30 年前，胡雪岡就是這樣把子鋒子彤帶進球場⋯⋯

迪士尼建棒球場
少棒決賽後還原

一個國際標準少棒球場，原來早於 2006 年，我們曾經擁有過。

當年，亞太區少棒聯盟決賽首次在香港舉辦，香港隊與日本、中國、南韓等十支隊伍爭奪冠軍寶座。主辦方香港少棒聯盟找了贊助，也獲香港迪士尼樂園支持，在樂園的渡假區內鋪建棒球場，場地都是符合國際標準的。

「香港少棒聯盟找我做了兩、三場裁判，胡太也有幫忙做賽事記錄員。沒需要當裁判時，當然是跟其他家長一起看球賽！」

香港隊乘主場之利，在賽中勝出，得以前赴美國參加總決賽。隨後的兩屆亞太區決賽賽事，也繼續由香港迪士尼樂園作場地提供。但因迪士尼需要興建園內第三間酒店，國際標準的棒球場這就淹沒在推土機之下。

資歷最強裁判

權威是……專業的演進

黃期

種子是要往外撒出去的，他一直這麼認為。打從
本地裁判有機會出外執法起，國際賽事要找隨隊
裁判，他必成首選；香港裁判在棒球國家當下的
名聲，他是建構者之一。仁川亞運的金牌戰後，
這位本地非凡裁判專心致志做好播種人，把栽培
好的裁判派送海外執法，哪管只是一小撮。因為，
要喚醒專業權威，成也種子、敗也種子。

黃期看球賽，跑壘者進攻、外野手接殺、擊球員擊出全壘打⋯⋯都不是他那杯茶。他的視角，總愛追蹤場內最有權威喊「out」喊「safe」的裁判們。

他是香港棒球總會裁判學院最高負責人，本地現役裁判都是他一手培訓出來。若在亞太區國家的裁判前提起黃期，大多不陌生；若要把他到海外國際賽事執法的經驗也一併搬出來，迄今也是後無來者。

裁判世界，自有閱讀球賽的獨特慣性與規範。

「這個主審判得那麼慢，剛才一定是看漏眼！那個壘審是誤判了吧⋯⋯」細味裁判在賽事中的裁決水平，黃期最樂此不疲。

是進階到另一層次看棒球賽事！

「不！絕對不敢說。只是從另一個 dimension 看，我們稱作『the 3rd team』，球場上除攻方和守方球員外，就是場內的執法裁判。只要懂得閱讀，不難看出誰個裁判夠專業，誰個水平很一般。」黃期久不久吐出流利英語，是三年大學生活也在美國度過的修為。

美國是棒球源起之地，全球最高水平的棒球運動員，也雲集美國職業棒球大聯盟（MLB）。黃期留學時期，耳聞目睹棒球運動的機會，實在太多。

「美國有四大運動，分別是籃球、美式足球、冰上曲棍球及棒球。我在美國讀書的日子，閒來沒事幹，一整天都可以坐在電

視機前看四大運動的比賽。每到棒球球季，就有很多大聯盟、小聯盟（MiLB）賽事……」

哪怕是相逢恨晚，久而久之的習慣後，黃期大學畢業後回港，馬上找法子走近興趣。

「小時候從沒機會接觸棒球，最多也是從漫畫中看過，沒多大感覺。反而在美國看職棒賽事看多了，也想嘗試參與棒球運動。」

不是說美國四大運動也必看嗎？怎麼棒球最終成了一枝獨秀？

「四大運動中相對較特別的，當年美式足球或冰曲在香港，訓練班也是少之又少！雖然最終也找到人教冰曲，也玩過一年，但太費體能的運動了，『一把年紀』才開始玩，實在體力難撐，加上較難同時開展棒球和冰曲，二擇一之下，就選定了棒球。」

跟許多運動一樣，棒球沒什麼入門門檻。只要喜歡，誰都可以享受棒球運動的樂趣，專業運動員與業餘愛好者皆可。

「在香港，棒球運動可有不同層次的參與。絕不會因為你投球沒有 135kph 而不准你玩，沒此門檻！就算投球慢一點，投進好球區 1 便成；傳接球只要傳到接到即可；打 bat 2 只需擊中球就可以了。能力高一點、專業一點的，便入港隊吧！」

黃期從遲來的起跑線走進棒球世界，他的棒球路徑，從甲到乙，跟許多失卻從小接受訓練機會的棒球狂熱分子蠻相似——先在地區推廣班來個基礎認識，再到地區球會作深化培訓，最好把教練牌、記錄員資格等也集一身，方便日後有更多機會進入球場。

黃期覺得真正喜歡棒球的人，總有法子留在棒球圈。他的方法，就是當裁判。

1995 年，黃期回港不久，即報名參加由香港棒球總會舉辦的成人棒球地區推廣班。那時香港棒總才成立三年。

「推廣班大概上了半年後，組隊參加香港棒總舉辦的『新秀賽』，也忘記什麼成績了，反正之後沒再上，轉到地區球會觀塘棒球會訓練，期間香港棒總開辦教練培訓課程，也考了註冊一級教練牌。」

「翌年開始教香港棒總的成棒地區推廣班，地點有鰂魚涌也有

1　　好球區：指投手投出好球的範圍，即由擊球員的肩膀與腰部之間的中間線，到膝蓋以上的範圍。

2　　打 bat：擊球

將軍澳。但五、六年後已沒再教，那時候經棒總訓練出來的教練數目尤其多，但地區推廣班需要的教練又遠不及供應量。至於港隊或精英培訓計劃，算來算去也輪不到我吧！」

真正喜歡棒球的人，總是想法子留在棒球圈。正如黃期說。

裁判，是他不二之選。只是，棒球運動球例既多又複雜，冠絕所有球類運動；國際球賽一場九局，一站便得站上數小時，少點耐性與體能也難擔當。

「難度與挑戰性也較高吧！相對球員，毋須因年紀關係導致體能走下坡而離場，喜歡做到幾多歲也可；相對教練，裁判不論在專業及球例熟悉度等也有更高要求，不是完成十堂八堂的培訓課程即可落場執法！所以說，裁判在能力上是沒有上限的，有心有力的話，甚至可以嘗試挑戰當美國 MLB 的賽事裁判，理論上是可行的。」

美國職業棒球大聯盟（MLB）聘用的最高級別裁判，屬終身制，年薪平均多達港幣 180 多萬元。

「能夠成為 MLB 全職裁判，過去十多年在大賽表現和專業水平都是行內最頂尖級的，所以一般能進入 MLB 體系的裁判，40 來歲的是尋常不過，有的更是以 60 之齡進入 MLB 體系。」

目前美國職業大聯盟裁判不足 80 名。正由於終身制，體系內的裁判流失率一直以來也偏低，甚少有裁判離職，就算達 60 多歲仍沒退下來打算，著名裁判 Joe West [3] 就是其一。打從 1976 年起，他至今已在 5,000 多場賽事中執法。

沒有人願意離開，也勢難向上流動。現時在小聯盟（MiLB）等待「上位」的裁判們就多達 200 多位。常說當大聯盟裁判比當大聯盟球員更難，就是這緣故。

「那是終身學習的體現，透過球員及教練以外的身份繼續參與棒球運動。」

2002 年起，黃期認定裁判在棒球運動上的生命力，決心換上裁判制服在球場上執法。

3　　Joe West：美國職業棒球大聯盟最資深的現役裁判。現年 68 歲，執法資歷已
　　 42 年，先後為大聯盟執法超過 5,000 多場賽事，執法場次之多，全球排行第二。

「那套制服是當年的裁判長梁志遠先生轉贈給我的，我沒特別添置。」

梁志遠是香港棒球總會裁判學院（HKBA Umpire Academy）首位裁判長。自從裁判學院在 1999 年 10 月正式成立以來，他便幫忙設計培訓課程內容，致力推動栽培本地裁判工作。

「梁生是我在裁判專業上的啟蒙師傅，他本身是個很不了起的人，對裁判專業要求非常高！那年代香港沒有系統的教練和裁判課程，他就看書自學，也曾到台灣跟當地棒球裁判學習和交流。當年香港棒球運動發展正值百廢待興，他就挺身擔起裁判培訓工作，由零開始逐步確立裁判學院的培訓目標和方法。」

裁判學院成立之時，本地棒球運動剛好從只有香港少棒聯盟的年代，加進香港棒球總會的相輔相成。

裁判由家長兼任的傳統，七十年代起已在香港少棒聯盟各球隊中代代相傳，香港棒球總會就為裁判的專業化來個定義，把它連上規範與制度。

「只有一個裁判很叻很專業，不夠！要有三五七八九十個，專業水平才得以穩定。」

「梁生開辦全港首個二級裁判培訓課程，我是其中一位學員。同期尚有五、六位同學，但課程後只剩我仍在球場上執法。正因為苦無人選，我便加入裁判學院幫忙做培訓工作。」

22 年前，梁志遠培訓黃期，黃期再培訓他人，循環不息地進行

中；22 年後，梁志遠已離開棒球界多年，每年一次的初級裁判培訓班，依舊由黃期主講。

「十堂課室學習，三日到戶外演習⋯⋯每年開班，每年也不可以無法開班。這個把不可能變成可能的目標，就是每班至少要有 13 至 15 位學員報讀，十人以下的話便開不成！幸而多年來也未遇過，有一年『生意』特別好，更有 20 多人報名。」

每年學員 15 位，經歷二十有二年的累積，香港裁判數目怎也過 300 吧！但怎麼本地聯賽賽事中，常見的裁判臉孔總是離不開那幾位！今個星期在獅子山郊野公園球場的賽事中，遇見三位主審和壘審，下星期又在顯田遊樂場內的球場見面。香港再小的棒球圈，也不至於細小如此吧！

「目前正式註冊的裁判約 30 人⋯⋯」數目不就是多年訓練總和的十分一？

「當中有身兼教練或球員身份，純裁判的只六至七位，包括我本人。教班多年的經驗，每年培訓班出來的十多人中，平均有五、六位留下來做審，但後來仍然繼續的，也只不過一、兩位，只是他們往往又留不過兩、三年便不再來球場執法。」

與其說這是獨有的「香港模式」，倒不如說源於一個惡性循環的無限輪迴。

「本地一個球季賽事由最高峰約 50 場至近年 20 場（成棒聯賽），裁判能夠落場的機會相對少，經驗累積慢，進步自然慢，繼而興趣減，興趣流失了，人也難留下來。這就是永恆。」

人手是問題，但避談質素更是錯重點。

黃期有個習慣，久不久到賽事現場「辣更」，旁觀裁判如何執法。每見「期哥」，裁判們先是竊竊私語：「什麼風吹他到來啊？」再來就是球場內每個步驟都要做得妥妥貼貼，不容有失。因為期哥總能查找裁判們的不足，賽後跟他們研究討論，需要時搬出棒球規則「引經據典」。說他是全港最能理解和解釋棒球規則的權威，甚少棒球人能用上「拒絕」這個表情符號。

「看裁判們執法，尤其是經驗尚淺的新裁判，能夠發現不少反面教材，教學相長。例如主審基於什麼判 out？壘審作出那個判決前，是否做漏了某些步驟？主審跟教練那番對話內容，沒把教練激嬲才怪⋯⋯」

黃期引用一個相對較容易理解的實例。「擊球員把球打出，滾地球來的，速度很慢，一彈一彈的彈往一壘線去，投手和捕手也跑前追球，大家也未知是 fair（界內球）還是 foul（界外球），主審走到一壘線外站着，一望後即 call『foul』。我的問題來了：『為何裁判是側望後才 call foul 波？』我不是看判決的對錯，而是看裁判在判決前有沒有第一時間追上前，兩腳跨住一壘線去看那個地波究竟是 fair 定 foul。可能最終判決也是 foul，又或者判錯，沒問題！但我要裁判清楚知道自己在判決前有沒有做兩腳跨住一壘線這動作，如沒做的話，為何不做呢？如果是靠估的話，就告知我！二分一機會，如揀公或字般，估中有多難？但這個就是裁判功力有九成還是九成半之別，可以相差十年，可以是天與地！」

「一場本地球賽，裁判企三、四句鐘，那個靠估的判決出來後，那怕是判對了，但球場內的任何人已認定那位裁判不專業、水平低，之後所有判決，都是靠估的。講完了！」

執法權威遇上挑戰，就是跟「誤判」扣連，但許多本地裁判也認定這個負面詞是侵犯權威的的忌諱。

「遇上誤判，承認便可，根本就是等閒事，任何級數的裁判也有機會遇上，哪怕是 MLB 最資深的裁判！」

以美國 MLB 資深裁判 Joe West 為例，2018 年大聯盟球季的誤判率為 11.43%[4]，在十大誤判率最高的排行榜中，位居第二。

4　美國波士頓大學教授 Mark T. Williams 於 2019 年發表的論文研究。

「凡是裁判也有過誤判，我也不例外！」十多年前，香港舉辦國際邀請賽，黃期在部分賽事中擔任裁判。

「擊球員把球擊出後，那是一壘線外的高飛球。一壘手接球後球入手套，我做了 out 的判決手勢，但那個球隨即從一壘手的手套內掉了出來，最後，我只好改判 foul。」

「發生時間太快，而肉眼有誤差，這是當時我的不足之處。但經驗告知我，當有類似情況發生，能待至少兩秒再作判決，可減低誤判機會。」

誤判是裁判遇見之常情，黃期把它當作提升專業的歷練，但前提是要擁抱它的存在。不過，類似自我反省的溫提，不是人人

受落，雖然裁判們全都是期哥的門生。

「抗拒接受意見的，當然大有人在。畢竟我們身份是裁判，球賽上最高權力執法單位，最具權威的，自然最容易權力膨脹，認定自己沒錯一定對，說『strike』說『ball』、說『safe』說『out』等 judgement call（裁判判決），球例寫明是不可挑戰的，裁判有權把挑戰者趕離場。」

挑戰來了，有裁判繼續高高在上，有裁判以理性溝通維護專業。

「很多年前的事了。有場賽事我做主審，擊球員擊球時揮空 5，我判『strike』，但教練過來跟我說：擊球員擊球時，球棒有碰到球，所以應該是『foul ball』，並着我問問跟擊球員位置有一段距離的一壘審。雖然 judgement call 不容挑戰；雖然當時我在擊球員正後方，看得一清二楚，但仍集合其他壘審，稍作商量後最終維持原判。事件完結，大家也有落台階。」

「假若換上另一位主審，他的即場反應是：我站得最近，我看到擊球員擊球時沒有觸碰球，那就是沒有！類似不可挑戰權威的態度，無助解決當前問題，還有損裁判的專業。」

裁判國度裏，專業權威這回事，需時建構和確立。先讓部分裁判專業起來，別人看見走出來的樣版，可以扣連專業的話，那香港裁判走向專業化就成了事實陳述。黃期是這麼認為。

5　揮空：擊球員揮棒時沒有擊中投球。

自香港棒球總會成立，終有代表香港的棒球隊伍參與海外國際賽事，按慣例隨隊出發的本地裁判，也得了從未有過的經驗值。

「最初期，我是隨隊裁判的主力，一年最多兩次吧！每次十場賽事，獲分配落場的賽事約五場。能有機會跟外地裁判交流，見識他們對專業是如何堅持與執着，是見世面也長知識，且學無止境的。」

2010 年，第 16 屆亞運會在廣州舉行，外地執法經驗已相當豐富的黃期，與一眾裁判出發往比賽場地前，竟遇上有人挑戰他長久以來對專業的定義。

「每天賽事前，大會也安排專車接送裁判等工作人員到球場，時間固定在上午 11 時從酒店出發。我提早了五分鐘到達酒店大堂。一位認識多時的台灣資深裁判趨前問我：『你為何那麼遲？』我即時黑人問號，自問已早到了，還算遲？」

「該名台灣裁判友好當晚跟我吃飯時才向我解釋說，11 時發車的話，應該提早至少 15 分鐘到場，要預備應對突如其來發生的萬一。萬一突然肚痛，需要上廁所；萬一少帶了裝備需要回房拿取；萬一主審生病，需要即時找另一裁判代替……萬一這些事情真的發生了，大家也有充足時間應變，不致耽誤發車和裁判到達現場的時間。」

「對方的專業程度，簡直令我震驚！他是否很專業？非常專業；他的說法有沒道理？絕對有道理；他多想幾步的仔細，我從未有過。我常跟香港的裁判們說，要早點到球場，但作為專業裁判要早多少呢？五分鐘？十分鐘？無人告知過。不是到過海外

近年已較少機會在公開聯賽中見到黃期親自執法。

執法,我又何嘗會知?」

四年後在韓國仁川舉行的第 17 屆亞運會,那位台灣裁判的善意提醒,黃期終有機會學以致用。

「我的確提早半小時到酒店大堂等候,到了後再檢查一次裝備時,發現少帶了皮帶之類的裝備,立刻回房取。」那趟亞運會,黃期獲編排在五場賽事中當裁判,有主審也有壘審。

「各地隨隊的執法裁判,資歷和經驗也各異,主辦單位的裁判委員會通常根據裁判過往在國際賽事的經驗等,分配負責的場次和執法崗位。如果海外執法經驗豐富,專業水平獲國際裁判界肯定的,一般就有較多執法機會。」

仁川亞運最後一場金牌爭奪戰中，黃期獲分派當近一壘的右外野線審。比賽開始前，其他裁判在國際賽事中必做的步驟，他也會做。

「先在場內走一圈，看看會否有些小地洞或騎呢位，萬一打出來的球滾到那裏去，裁判該如何處理？這個是裁判必須清楚的訊息。另外必做的，就是跟同場裁判確認賽事進行中的走位，例如一、二壘上有跑壘員，三壘審出去追球，一壘審須立刻進內野，負責壘上所有判決等。再來就是測試自攜的計數器是否正常運作，原子筆是否尚有『墨水』等，開賽前 15 分鐘，去一趟洗手間，因為國際慣例，賽事要待六局之後才整理一下場地啊！」

賽事進行中，裁判除要時刻專注崗位內攻守球員的舉動外，場內的人和事，也不能放過。

「金牌戰一役，我崗位右外野附近，有位坐在摺凳上的球童，每當見到他範圍內的界外球，拾起後即放在摺凳下。如是者，一個、兩個、三個、四個……球的數目愈來愈多。我當時想，如果有界外球就快飛到球童附近，他需要馬上拿起摺凳就走，以免影響球賽進行，但他離開了，原在凳底的那些球怎麼辦？如打出來的球剛好落到那堆球的位置，那我豈非自找麻煩？既然肯定他未能同時間處理那麼多事情，於是我在賽事暫停時，跟那球童說要把凳底下的球盡快清走，不能不斷地累積，以減少影響球賽的機會。」

賽事結束，黃期想多了的事情，最終沒發生。

「雖然是無聊瑣碎事，但總有機會發生的，都要處理。球場上，

裁判很多時就如福爾摩斯查案般，少點觀察和推理能力也不成！」

那是黃期在轉化成專業裁判的過程中，自我頓悟而來。還不止，一籃子專業維護的先決條件，都是他驗證過的，不妨試試挑戰。

□心細如塵　　　□觀察力強　　　□情緒智商高
□溝通和表達技巧強　　　□自我批判能力強

「當中最重要還是擁有自我批判能力。面對他人的批評或挑戰時，懂得查找自身不足，才有能力辨別對方的批評或挑戰是善意還是惡意？是真是假是對是錯？才知道如何應對。」

專業公海上，黃期如奮進號般找尋同行者的同時，每當發現「新大陸」，他愈發覺得太多自愧不如。

國際比賽中，賽事用的棒球指定由主辦單位提供。黃期過往一般收到後會直接把球放進袋內備用或交給撿球員拿出球場，但專業裁判自有非一般的應對。

「有主審檢查得很仔細很認真，看清看楚是否有花有裂痕，或被做了什麼手腳等等後，才在球身塗上紅土交給撿球員，因為球是由主審給球員的，萬一出了什麼岔子，他就要負全責。尤其在職業球賽中，由主場一方提供賽事時使用的球，如果球給改造成對他們的投手較有利，便有機會影響賽果。這情況實實在在有機會發生，不能排除啊！」

藍衫灰褲再來一頂藍色棒球帽，裁判從頭到腳的專業造型，黃期自言是最弱一環。

「到達球場後，在裁判休息室裡，每個裁判都認真地穿上制服，在鏡子前仔細檢查，並不是擔心自己會出現在電視鏡頭前的儀容，而是認為這是對比賽的尊重。」

「曾見過不少裁判連鞋帶長度也要有規有矩，不能過短也不能過長。過短的話容易鬆，過長的話，蝴蝶結容易勾住附近的物件而生危險。這做法非常認真，完全沒錯，專業程度實在一絲不苟，但我自問真的做不到。」

曾有棒球前輩以「不羈」二字送給初次見面的黃期，就連黃期本人也從不抗拒「free style」、「沒束縛」等自我形容詞。

「我是知道的！有些事情做不到，就不適合做最 top 的裁判。我只能努力地去執正一點。」

黃期不是說過，主辦單位總是安排專車接載裁判們到達賽事現場。專車之上，只要看看各裁判穿成怎個模樣，專業不專業，這就現形了。

「若發現有裁判已穿好整齊制服、整裝待發上車，那代表他的專業水平只是一般般而已！試想想，假如從酒店到球場期間，不慎勾爛裁判服，又或給弄髒了，那怎麼辦？當然可以問其他裁判借穿，但失禮於人前，又失專業形象。」

「這種連細微位也專業起來的專業，凡事也 pay attention to details，為的就是要留住專業質素，很 impressive！參與棒球運動的就是要知道，當百年也未曾遭遇的經歷真的發生了，我們該如何反應？這就是我們作為裁判對自己的專業要求。」

自從仁川亞運金牌戰後，黃期已沒再出外執法。

「2018 年的印尼亞運會，是由副裁判長 Raymond [6] 前往執法。如無意外，應該不會再出外執法了！想多留機會給其他裁判。」

按黃期的說法，海外的「江山」已奠定好基礎，是時候交棒。

「許多海外賽事主要都是由我及其餘兩、三位二級裁判隨港隊出外執法，多年來的經營，以一個棒球水平一直也不高的地方

[6]　香港棒球總會裁判學院副裁判長張瑞民

而言，香港業餘裁判在執法經驗、專業及台型方面，並不輸。許多棒球二線國家，也相對比較放心用香港裁判。要知道日、韓、台各有逾千計逾萬計的業餘裁判，香港只 30 人啊！」

黃期沒想過要向日後派到海外執法的本地裁判下達什麼任務或達標指令，反而把這個難得機會當成對本地裁判的回報。

「香港的裁判從來也沒任何回報！現在唯一回報就是到海外執法！讓他們有機會在國際賽事中獲取難得的經歷，跟海外裁判前輩交流……而不是每年球季只在何文田 7 企三、四句鐘。到過外國執法的裁判，得着多、參與感也遠較只在本地執法強得多，他們願意繼續留下來的機會也較多。」

黃期說了重點。在香港參與棒球運動，每天都要跟現實決鬥，少一點熱血也難為耐力及持久力儲存能量。球員如是、教練如是、裁判也如是。

「現實是，裁判需要投放時間和能力要求的門檻也相對高。一場球賽企三至四句鐘，主審的車馬費 300 元，壘審 200 元，所有裝備也沒資助，全由裁判自己添置。沒有人會因為錢而做裁判吧！」

更現實的是，就算黃期為現役裁判鋪排的「回報」，許多裁判都未必能如願收下。

「我們考慮派哪位裁判出外，除卻他的專業水平外，更實際的是他能否請假！一個賽程，前後約十日，連周六日的話，至少也要向工作單位請假八、九日。打工族一年十多天大假，這麼去一趟，大假幾近清袋，他不用陪伴家人去旅行了！」

「雖說各地裁判也一樣要面對請假多日的困局，但我們只得幾個可揀，別的地方就有上百名上千名可揀。所以過往每次需要找裁判到海外，最先問的，就是誰可以請假？很悲哀，但現實。這是我過往常常出外執法的原因之一，免得煩，索性自己去便算！」

從 2002 到今天，黃期與裁判長之名多年來也是密不可分。沒有人想過要拉他下來，因為找不到更好。

「我在鬥長命，不想放棄，也沒認真想過不再搞裁判學院！裁判學院由最初三人[8]，到現在由五位資深裁判組成，雖算不上很具規模，但總叫有了基礎，正在緩慢發展中。我的目光，是放

7　　東何文田配水庫遊樂場內的草地足球場

在現有的裁判透過更多執法經驗，專業水平能夠再提升一點、再提升一點……」

雖然，看在黃期眼內，許多新裁判的模樣是「三尖八角」。

「年年搞培訓，年年的質與量也需要很用心栽培。不是灰，但可以很灰！海外執法機會將是愈來愈多的，但先『企』好吧，先掌握基本知識，不要連喊『safe』喊『out』也烏哩單刀。我們至少要輸人也不輸陣……」

8　裁判學院在 1999 年成立時，主要由梁志遠及梁志傑負責培訓及行政工作，其後黃期加入。

海外執法
獲送裁判服

翻查棒球運動的資料圖片，相中裁判制式樣，跟現代的實在大不同。

比賽場上，穿著一襲西裝服式的男士，全神貫注地盯着一身棒球服的球員動作……

「那個年代，進行任何活動幾乎也是穿筆挺西裝，正如看歌劇一樣！但無論制服式樣如何從西服演化為現時輕便透風的衫褲，裁判服的顏色由來也是以深藍和深灰為主調，因為如果淺色的話，跟棒球顏色相若，有機會影響球員比賽。」

黃期首套裁判服，是香港首位裁判長梁志遠轉贈的。

「現在或許有很多人會說：『不專業啊！』但又如何呢？那時候才剛做裁判，什麼也不懂。」

但即使學懂了，黃期也不把裁判服當成專業裁判的最優次。

「我甚少添置裁判服及裝備。每次到國際賽，大會幾乎一定派裁判衫，有時又會送裁判褲，某年多贊助的話，連一整套裁判護甲也收過！所以毋須特別添置，都是百鳥歸巢的……」

「裁判服整齊乾淨就是了。我在海外執法時也如此，何況在香港做審？裝備只是等閒事，先弄好專業質素再說吧！」

退役港女將
捕夢者革命仍須努力

楊杰玲

YEUNG
KIT-LING

楊杰玲肯定是熱血播種人。夢之旅程展開，從她變身棒球漫畫主角起，穿上背號寫有「港棒女將第一代」的球衣，把國際賽事轉化為水平提升的平台⋯⋯每格情節內容，沒有打出一片天的冒險傻勁，也難湊合成新篇章。在最新編纂的章節裏，校園內與球場上撒播種子成了主線，為要「複製」更多後來者。

在可風中學碰上楊杰玲，總有機會看見換上運動服的她，與學生們進行棒球訓練。

「我不是體育老師！」楊杰玲畢業後輾轉回到母校，教授中國語文、中國文學及中國歷史，旋即在校內創辦棒球學會。

「場地關係，平日放學後的練習只能集中傳球及打擊。周六沒其他校隊訓練，我們就可以移師到籃球場，有更大空間進行實戰練習。」

不定期練習，這是作為學會的先天設定，因為它本來就跟其他體育項目的校隊大不同。

「校隊需要外聘教練，定期進行常規訓練。但學會就可以由學校老師兼任，也毋須執着於恆常練習，最緊要大家可以打開心波！」可風中學的棒球學會剛好有 10 年歷史，每學年大概有十多名活躍會員。

每到訓練時間，學生分成兩組進行打擊及傳球練習，部分在操場旁一處如羽毛球場般大小的空地，部分在有蓋操場的角落，甚至室內的學生活動中心。

「室內打擊訓練，主要練習動作姿勢，我們只用海綿棒，從發球機彈出來的，也是輕巧的羽毛球及小軟球。」李泳橋是棒球學會的助教，沒多久前回到母校當實習體育老師。莘莘學子時期，楊杰玲既是她的中史老師，也是棒球學會的教練。2016 至 2018 年期間，李泳橋跟楊老師還添加了女子港隊隊友的關係。

「杰玲老師很有心搞棒球學會,讓我認識棒球運動,也教懂我打棒球的樂趣。很想把我的棒球知識和體驗向我的師妹分享。」承傳與傳承,是許多香港棒球人的身體力行。

棒球學會的學員,由始至終也是女生。這是楊杰玲的情意結。

「我只收女生!想幫忙發掘球員入女子港隊。男子港隊相對不缺人。」楊杰玲是香港女子棒球代表隊的第一代。女子隊怎樣缺人?如何需要找具潛質的女生入隊?她看得通透。

十年間,可風中學參加棒球學會的女生,前後約三、四十人,最終能跟杰玲老師成為港隊隊友的,至今有三位,棒球學會現任助教李泳橋是其中之一。

「第一年棒球學會,已有一位很具潛質的女生加入港隊,更與我一起成為 2016 年世界盃的香港代表隊成員,但一次訓練中,不慎在剷壘時斷了腳,意外後家長極力反對,她就退出港隊了。」

女子港隊自從 2004 年成立以來,有實力的球員流失率一直頗高。先後退出的年輕精英繼有十多人,當中近半數都是具潛質的投手,甚或是主投。

「起初是最不穩定的階段,那時真正夠技術落場比賽的,勉強算能湊夠先發九人,但水平也不高。」楊杰玲是其中的少數。她的棒球路徑,跟香港女子棒球運動的發展,幾乎是在同一起步線上邁步。她起動,港女棒也隨之起動。

只是,中學時期進出圖書館的時間,肯定比流連球場為多,哪

裏來的引力，令楊杰玲決心要跟棒球世界連結起來？

「有次在圖書館看《奪標》體育雜誌，剛巧有一篇香港棒球總會的報道，內容介紹地區推廣班，有男子也有女子，於是報名一試。」

那年代決心走進球場的棒球人，總是擁有相類似的集體回憶──愛看日本棒球動畫。

「小學時看完《童夢》[1] 後，便喜歡上棒球，但一直不知道學打

1　　《童夢》：曾於九十年代在香港電視台播放的日本棒球動畫。

棒球的途徑。不過現在回想，就算當年找到棒球訓練班，以我家的經濟狀況，也勢難參加。」楊杰玲從小在荃灣郊區的村落長大。什麼樂器、舞蹈、繪畫、跑步、籃球等等，現代尋常孩子都會在課餘參加的興趣班，一概也是楊杰玲的奢侈。

「小時候的娛樂，就是跟鄰居孩子通山跑，在家附近任何可以玩的，也不放過。有次在街上拾到網球，就從家裏拿出地拖棍來，一起學着動漫主角打擊或投球……」

準是生下來就有的運動基因要找機會在人前炫耀，明明夢想是作家、每天沉醉於中國文學世界的女生，卻於中一的陸運會拿下 400 米金牌，後來還竭力跑進棒球場，以女子港隊第一代之名，領軍踏進國際賽事的舞台。

1998 年，也就是楊杰玲應考「高級程度會考」（A-Level）的那年，她一口氣上了兩期棒總的地區推廣班。

「記得當時近百人一起練習，全部都是女生。推廣班結束後，我們組成兩隊參加棒總舉辦的新秀賽。一隊是 Sunshine1，另一隊是 Sunshine2。」

但故事尚未完結，仍有許多下回分解。

2000 年，Sunshine 女子隊正式成為香港棒總的註冊球隊。

「任教第一屆女子青成棒地區推廣班的大師姐李伊雲，當時她和隊友們已組成全港首支女子棒球隊 Red Chili（紅辣椒），所以鼓勵我們另搞一隊女子隊，參加本地聯賽。她很有心想在香港成立第一支女子香港代表隊，出外參加國際賽。」

李伊雲由 1994 年起出任香港棒總執委，其後於 2004 至 2006 年期間擔任董事。

那就一起捕捉這個夢吧！楊杰玲當時這樣想。如果把那一刻定格，或許可以貼貼服服的放在日本勵志漫畫內，成為主角冒險歷程的起始。

棒球運動從來都是男兒當道，女子棒球的發展歷史相對短，也相對走得緩慢。除二次世界大戰期間短暫的美國女子職棒聯盟外，各地最早的女子代表隊或女子職棒隊，從九十年代起才陸續開始發展。就算在棒球運動發源地美國，美國職業棒球大聯盟（MLB）至今也沒有一名女子職業棒球員。說到女子職棒聯

盟，就只有日本獨佔鰲頭，但成立之年也是 2009。

不用說奧運及亞運的比賽項目中，女子棒球從未出現過，就是國際級賽事，也是千禧年後才陸續出現。

既然各地女子隊的起步線差別不大，那麼李伊雲與楊杰玲對香港女子棒球的想像世界，就是夢非夢。

夢的開展，始於一次互聯網的搜尋。

「那時互聯網剛盛行，我湊巧到大學圖書館找棒球資料，竟發現其他地區原來也有女子棒球隊，其中最近我們的，就是台灣！只是並非代表隊，按他們的說法，叫作『社會人球隊』，即業餘

棒球隊，球員都有全職工作，都是棒球愛好者。這個不就是跟我們一樣嗎？」

很多原來之後，她和李伊雲有了個蠻破格的想法——相約對方來一次比賽，試試香港女子隊的水平，跟其他地區的差距是遠是近，大概也有個方向。那是成立香港女子棒球代表隊必要走出的一步啊！

楊杰玲馬上進行聯絡。台北那邊在回覆的電郵中，表示滿心期待這場過往從未有過的賽事。

2002 年，港台兩地女子棒球隊歷史性首次舉行交流賽。賽事由台北先鋒女子棒球隊主辦，另高雄木棉花女子棒球隊參加。香港則組成首支女棒聯隊出戰，還付費找來郭建衡[2]及蔣瀚橋[3]當教練。

「我們一行 18 名球員。比賽場地是當年兄弟象[4]職棒球隊的練習場——龍潭棒球場。那是我首次踏足標準的棒球場，首次親手觸摸內野的紅土，還首次站上真正的投手丘上投球⋯⋯」

當年，香港連一個棒球場也沒有，就算是稍為貼近國際標準的棒球場——晒草灣遊樂場內的棒球場，至 2004 年才正式投入服務，作為港隊的訓練基地。

第一次出戰，女棒聯隊三場賽事，三場全勝，拿下屬於香港女

2　郭建衡：前港隊球員，現為 Kaakiro Sports 棒球會總教練。

3　蔣瀚橋：前港隊球員，現為西九龍棒球會教練。

4　兄弟象職棒隊：中華職棒聯盟四支創始球隊之一，後易名中信兄弟隊。

棒的首個冠軍。雖然純粹是交流賽，跟國際級賽事或世界排名拉不上任何關係，但若把那次交流賽的經歷都組合過來，肯定成功為香港女棒的發展擊出第一支安打。

「回港後，李伊雲乘勢向棒總提出舉辦女子精英培訓計劃。」

那是零的突破。雖然棒總當時表明沒額外資源，只拋出「自負盈虧」的訊息。

2003 年 10 月，由香港棒球總會舉辦的女子棒球精英培訓計劃，首度登場。一眾球員完成訓練後，便順理成章成為全港首支女棒代表隊的一份子。第一屆女子精英培訓計劃中，十多名球員就有半數曾是那次歷史性兩地交流賽的主將。棒總從原有的教練團隊中，找來區穎良及蔣瀚橋當教練，並由內地教練張先華任總教練。

既說是自負盈虧，一支球隊需要的，幾乎都要獨力承擔。

「球員比賽的各種裝備，例如頭盔、球棒、捕手護具等，我們都要從海外訂購過來。每周一次在馬仔坑 5 等場地訓練，也得交場租，就算跟男子隊同場練習，制度上也需要互相分攤。但至少能有場地練波，我們少了個擔憂。雖然教練是由棒總提供，但費用仍須自付，以半年 24 堂、每堂三小時計算，每人需付大概 2,000 元訓練費。」

推動一個前所未有的精英培訓計劃，最初的起動成本與恆常開支，楊杰玲最是心水清。她就是負責把那份財政預算遞交棒總參考的球員。

當任何事情都跟錢連上關係，對於參加培訓計劃的女球員而言，自負盈虧的定義就等同眾籌。

每期訓練費二、三千元，但凡參加訓練的球員，也得奉上，從沒間斷，就算翌年香港女子棒球代表隊正式成立，上下球員依舊按時繳款。

「除訓練費用外，女子隊每次參加海外比賽，球員均需自行繳付參賽費，費用多寡，視乎有否贊助或政府非常規資助的審批情況，每趟每人動輒數千元。及至 2015 年 4 月起，由於女子隊歷年國際賽事的成績及表現不俗，加上棒總改行精英運動員註冊制度，女子隊才得以較相宜的精英運動員註冊費及參賽費，參加港隊訓練及代表香港出賽。」

前後足足經歷 12 年。

按計劃，香港女子棒球代表隊於 2003 年成軍，即首個女子棒球精英培訓計劃舉辦之年。原定的訓練目的，就是當年在日本富山縣魚津市舉行的第三屆女子棒球世界賽。那是大型國際邀請賽，許多國家或地區都派隊伍參賽。但，女子代表隊最終未能出隊。

「那一年，我們一眾球員除每周一次訓練外，還額外加操兩天，大家都摩拳擦掌，興奮地期待到日本作賽，但最終因為『沙士』之疫，日本停辦所有國際賽，賽事最終要移師澳洲的黃金海岸進行，但這麼一移，所需的機票等經費大增，女子隊因自負盈虧關係，苦無額外資源下被迫放棄參賽。」

5　　馬仔坑遊樂場內的球場。

女子隊的訓練目標，只能放眼到翌年——第四屆女子棒球世界賽。賽事地點同在日本富山縣魚津市。

每周加操外，球員們還得為往海外比賽的資源而籌謀。

「當年的棒總副主席李永權幫忙向航空公司爭取，每名球員能以 1,000 元優惠價購買來回機票，加上棒總有少許資助。18 名球員，每人各自付費 5,000 元參加比賽。」

香港女棒成立，啟動本地棒球運動進入全新里程。

棒球在香港不屬精英運動，棒球運動員全都是業餘。工餘埋首訓練，還得請假兼自費到海外參賽，旁人眼中或任性或傻戇的描

述，她們一笑了事。但凡置身熱血漩渦中，任何事情都能附加「值得」作總結。哪管賽果贏輸，只求眼界開闊與經驗值遞升。

女子隊那趟首戰外隊，成與敗也只是小試牛刀。她們最想參與的那台好戲，在 2006 年。

那是由國際棒球總會（IBAF）舉辦的世界盃女子棒球賽（Women's Baseball World Cup，下稱世界盃），屬女子棒球國際賽中最高級別的賽事。首屆世界盃於 2004 年在加拿大舉行，兩年後舉辦第二屆。

女子港隊代表早於賽事開始前半年，已趕緊加操練習，還着緊為賽事的「旅費」籌謀。因為，如沒經費，任何事情也只能停頓在想像世界中。

「當時有人說，有什麼需要幫忙，找一強！」

李一強從棒球圈跳到金融界，當年已成為金融機構高級管理層。

「他最終幫忙找到贊助，共籌得 20 萬元！全靠他的協助，加上台北機票相對不貴，女子隊那次只須繳付每人 1,000 元參賽費。」那年，楊杰玲已任棒總董事兩年，一直至 2016 年才卸任。

賽程合共七日，參與隊伍共七隊，包括日本、美國等傳統棒球強國。

「結局我們全輸！六場賽事全失 122 分，只取得 7 分。但我們全隊人也愈打愈開心，只要能 out 對手出局，已很滿意，而且

每場也有進步。記得有球評在評述賽事時說『香港隊晚上是否偷偷練習呢』，就是見到我們的正面變化吧！」

「能夠在台北一個可進行國際級賽事的天母棒球場 6 打波，場場賽事也設電視直播，在場觀眾投入打氣的氣氛……作為從沒有在國際級場地跟外國女子棒球隊比拚的香港隊而言，絕對是難得又難忘。雖然要重溫每場賽事可以向主辦單位購買光碟，但要 100 元美金一場啊，我們怎可能買？」

香港也有一個供港隊訓練的棒球場，位於晒草灣遊樂場內，近年也曾破格舉辦過國際賽事，包括第一屆亞洲盃女子棒球錦標賽等。但說得是破格，就是指球場本來就不符規格——內野不是紅土地、沒有觀眾席、不設記者室、外野是足球場，賽事進行中也鮮有現場直播或賽後光碟出售……所以只有破例才能讓香港擁有賽事主辦權。

2008 年，香港以東道主身份，主辦第一屆鳳凰盃香港國際女子棒球錦標賽，雖然地位跟國際級賽事不能同日而語，但也吸引五隊女子隊來港參賽，分別來自日本、北美、澳洲、韓國和中華台北。

因為女子棒球的國際賽事向來不多，參加高水平賽事正是港女棒提升實力的大好機會。

「女子代表隊從來都太少比賽，這是各地遇到的相同問題。當年基本上只有世界盃賽事為各地女子隊提供相互切磋的國際平台，但既說比賽是代表隊的訓練目標，比賽少，訓練目標欠奉，如何提升實力？我們在 2006 年參加完世界盃回港後，領隊兼當

楊杰玲當年首次踏足國際級比賽場地的天母棒球場。

年棒總新任主席李永權就提出,希望香港每年也舉辦一個國際賽事,邀請各地女子隊來港參賽。」

這契機,最想牢牢抓住的,當然是女子隊。尤其楊杰玲口中的第一代球員。

「我和另外六位『老球員』立刻分工,分頭行事。有隊友專責對外聯絡和溝通,有隊友負責設計主題構思,我就主要處理財務文件和行政事宜,也要幫忙邀請外隊,之前曾在外地賽事中相遇過的,例如最早跟我們比賽的台北先鋒女子棒球隊,也在

6　天母棒球場:於 1999 年啟用。球場屬國際賽事標準地,為棒球迷們最熱門看球賽之地。

邀請名單之中，最終也成了參賽隊伍之一。」

準是過去出征海外的賽前準備經驗甚豐，從聯絡外地女子隊、找贊助找資源、計算開支預算等，女子隊幾乎一手包辦。要成功把鳳凰盃的構想搬到現實，與國際女子棒球界接軌，沒有熱血團隊的合作無間，也難配合香港棒球總會當年 15 周年紀念活動，把鳳凰盃成為響鞭炮助興的賽事。

「連酒店我們也得幫忙聯絡，看看能否有優惠價給參與隊伍。鳳凰盃屬邀請賽，故有別於世界棒壘球聯盟舉辦的國際賽事，所有鳳凰盃的參賽隊伍需要向香港棒總繳付報名費，大概每隊數千元吧，還要自費食宿開支。」

「我們討論海報設計，訂製哪些紀念品在場內售賣等，每次也談得很興奮。老實說，鳳凰盃的海報很高質，毛巾、索繩袋等紀念品最受歡迎，還有專人設計的紀念 tee……」從來女生的優勢就是最能在意細微處，肯定能為籌辦賽事添加分數。鳳凰盃的創先河，連關島及棒球強國之一的韓國，後來也緊隨香港之後舉辦女棒國際邀請賽。

鳳凰盃之所以是鳳凰盃，原是楊杰玲的好主意。

「在首次籌備會議上，時任主席李永權叫大家構思一下賽事名稱。有人即場提議『迎春盃』，另一籌委在會後提出『明珠盃』，有香港乃東方之珠的意思。我也有在會後提議用『鳳凰盃』，鳳凰既適合用於女子棒球，而龍與鳳也是中國傳統吉祥物，由於邀請賽在農曆新年期間進行，故鳳凰之名能配合農曆新年氣氛。最後大家都同意了。」

2008 年首屆鳳凰盃，香港以女子聯隊（Hong Kong Allies）跟五隊海外隊伍經歷四日賽事。港聯隊雖有東道主之利，在相對弱的組別內先後跟澳洲和韓國較勁，但最終只能屈居第四名。

首趟主辦國際邀請賽，女子隊上下既是球員也是工作人員的全程投入，賺得不少掌聲。說的不只球員水平，還有眾人協力成為舉辦賽事的核心。這步跨過以後，迎來的是「每年舉辦一次」的主旋律。一個國際賽事，從頭到尾也沒有為香港棒總添上許多財政負擔，卻令香港女子棒球代表隊在國際賽事平台得以提升。從哪個角度看，也能獲賞「值得」的評價。

「舉辦一次鳳凰盃，棒總的原則，最重要就是收支平衡，但其實賬面有正數的機會很大。不過，正數又如何？款項也是進棒總的賬目內，有盈餘也不會用下屆鳳凰盃，所以對舉辦賽事無關。」負責管數計預算的，也是楊杰玲。因為她最有經驗。女子精英培訓計劃的起步開支及營運，內裏的數字，正是由她填寫。

楊杰玲先後以鳳凰盃籌委會主席或副主席的身份，不經不覺幫忙籌辦了 11 屆。有一年，最是驚險。

那是 2010 年，第三屆鳳凰盃。

「每年賽事也安排在四日內完成，不論對參賽隊伍及主辦單位而言，都相對地具成本效益，所以賽程排得密密的。記得每次籌委會開會，總有人提出，賽程排得如此密，萬一遇上任何意外事故，是否有應變安排？應變安排必定要有的，但真的要視乎情況……」

第一屆鳳凰盃在二〇〇八年舉行，楊杰玲等幾位老球員出了不少力。

最終，那趟要應變的，是突然來襲的狂風暴雨。

「那是比賽第二日，剛巧遇上我任教學校的家長日，我已特地
把所有家長的見面時間安排在上午完成，以便參加下午的比賽。
但當我趕到球場時，球員席的水浸情況，猶如置身河流當中。
最終當日賽事無法進行。我們幾位老球員籌委經討論後，決定
把原定每場 105 分鐘的賽事，臨時縮短為每場 90 分鐘，並把賽
制改為單循環，又把在晒草灣進行的比賽增至八場，那就可以
讓參賽隊伍趕及在四日內完成賽事，再完成頒獎，順利離港。」

應變這回事，楊杰玲最是得心應手，歷年積極參與籌辦女子代
表隊的賽事，是少不了的原因，但球場經驗的功勞更不能抹殺。

當打擊者成功把球擊出，守方球員瞬間就要想方設法阻止攻方進攻及得分；當轉換為攻方，如何透過不同戰術協助隊友上壘得分，說來說去也跟應變有關。

「每場賽事，也沒有預知的軌跡。沒人知道在最後一個擊球手出局之前，會出現什麼結果，場內每個崗位的球員，也要即場應變，互相配合、發揮，才能取勝。這也是我喜歡棒球運動的原因之一！」

楊杰玲在港隊司職一壘手，但早於 Sunshine 球隊參加本地聯賽時，她經常是站在投手丘上的先發投手。

「只要看過《童夢》的人，沒可能不喜歡當投手！」楊杰玲也不例外。

「港隊成立早期，最缺投手，其中一個原因是投手在體能方面的消耗很大，每次出隊比賽我們也需要差不多十個投手，所以我也有兼練投手。」

一個團隊運動，誰在哪個崗位能發揮最大效益，不論教練或球員，也得以能力為最先考量。

「我是左撇子，守一壘位置有先天優勢。當我接球後再把球傳到二壘或三壘時，毋須轉身即可把球傳出，相對慣性用右手的一壘手，能以較快速度傳球，繼而阻礙跑壘者進攻，甚或將其殺出局。」

上天恩賜的禮物，楊杰玲把它好好用到自己熱愛的運動上。雖

然，她跟許多第一代女子港隊「老球員」一樣，也非「紅褲仔」出身。但慢人一步起步，絕非代表理想難達到。

「多年來擔當一壘手，自問也相當稱職。我相對能耳聽八方，隨時對不同情境作出反應，也肯大聲落指令，要知道不少女生也不慣在球場上大聲喊出來，加上我撈接球的能力較好。一般而言，一壘手在隊中的撈接球能力，一定是數一數二。」能夠成為女子港隊陣中主將，不是能力先行的話，恐怕也難敵球場內的流言蜚語。

「女子隊很麻煩！」因為女生的天性。楊杰玲認為。

「女生有各自各的小圈子，一個離隊，圈內的就二話不說伴隨離開！加上天性較易敏感，許多事情也自動聯想為偏心或不公道，因而相對有較多是非和較多爭拗。尤其在出隊海外參賽的安排上，誰當投手誰人先發誰不獲選等等，隨時成為引爆的核心，彼此都鬧得不愉快。」楊杰玲說時一派事不關己的模樣，因為，她從頭到尾也有熱血傍身，只管把專注和時間好好放在棒球運動上。

「多年來我的出席率必定超過九成，有時更是百分百。這是責任，我雖不是陣中最出色的，但必定是最認真最勤力訓練的球員之一。當穿上港隊球衣，就有責任出席訓練，參與團隊一起設定的共同目標，包括參加國際賽事提升水平。」

楊杰玲 1998 年完成地區推廣班，翌年完成指導員課程後，在北區的青成組推廣班當助教。其後在 2001 年正式取得註冊教練資格後，也曾在深水埗棒球會的 Polar Bear 球隊當教練，現役港

隊游擊手劉芷芊[7]，當年也是她的學員。

離開球場，回到自己的生活，楊杰玲也是棒球先行。

「記得畢業後第一次到台灣旅行，用了過千元買一個較好的手套。每到外地旅行，有機會看當地賽事，我必定是座上客；逛街購物，不是幫自己就是幫隊友購買棒球用品；遇有打擊場，一定進場玩個夠……」

回到香港，每周三至五天港隊訓練，有時遇上棒總投放特別資源請來教練幫忙加操，楊杰玲必定堂堂出席，還未計算在精英培訓班當教練，一年總有至少兩、三次出征海外或帶青少棒出隊……

「數年前，任教的中學換了校長，剛巧在開學時間需要申請假期，出隊到日本宮崎縣參加第六屆世界盃女子棒球賽，那是多難得的比賽，但一整個星期啊，當時第一時間想，假如校方不准放，我就辭職好了。後來校長當然有放。雖然代表香港出外比賽的教師能獲認可有薪假期，而校方也可申請代課老師，但按照學校資助則例，校方是有權拒絕老師有關申請。慶幸校長當時最終肯放人！」

楊杰玲就是常常跟傻勁拍住上，只要是棒球，總見她用心參與，出力提升水平，但任何人與事終究也會遇上最頂層的極限。2018 年，她宣佈退役，原因之一，是日積月累的傷患。

「我們參與棒球運動的年代，不論教練或球員，保養知識也欠

7　劉芷芊：見本書第十章。

二〇一六年，可風中學女子棒球學會組成的參賽隊伍，奪得「全港中學棒球精英賽」高級組冠軍寶座。

奉。過度操練也不自知，常常手肘痛、肩膊痛。退下來才有機會和時間，多了解運動醫療學的知識，和好好處理傷患，才知道我的傷並不在手，而是過度操練引發整條筋膜線失去正常活動幅度的綜合問題。」

適當事情要在適當時候完成。當老師的，定必最常跟學生分享這個塵世間的大道理。退了港隊球員身份，楊杰玲先後任教 U12 少年組、U15 女子青少棒組，以及 U23 女子青棒組的精英培訓計劃，更少不了繼續在母校經營她的棒球學會……全都是棒球事。

「舉辦棒球學會的初心，除了培養更多學生對棒球的興趣，也希望能找上具潛質的女生，加以培育，有機會可以嘗試加入港隊。」

可風中學女子棒球學會，自從棒總在 2012 年起舉辦「全港中學棒球精英賽」以來，每年也有派員參加。最精彩的一役，可風女將於 2016 年的高級組決賽中，從強敵九龍真光中學手上，成功奪走冠軍寶座。那年可風女將之中，除現任棒球學會助教李泳橋外，尚有現役女子青棒組球員莊敏，而早已成為港隊主力的許絡珩，當年也回到母校當助教。

能有機會把種子往外撒，楊杰玲也願一試。但現實是，需要開墾的地方太多，拓荒者多年來卻沒甚增長。

「一直以來，中學賽女子隊的參賽隊伍，也是寥寥數間，例如可風、九龍真光及聖母院書院，是主要常客，其餘也有協恩中學、廠商會蔡章閣中學等。現實是，學校是否讓學生參與棒球運動的決定，關鍵在於校內是否出現棒球有心人，又或老師團隊中是否有棒球人。例如前女子港隊卓莞爾曾有一段時間幫忙在學校教棒球班，但自從她沒再教後，校內棒球班也就曇花一現！」

「學校推廣可以做得更好更多。」楊杰玲這麼認為。

可風中學女子棒球學會，如常進行不定期訓練。楊杰玲當主教，李泳橋是助教。或許數年後某天，棒球學會會轉型為棒球校隊，二人的學生重返母校，擔起教練角色，指導師妹們的打擊姿勢、傳接球動作，備戰年度中學聯賽……

流彈
傷了球員亂了部署

香港女子港隊自從 2004 年在國際賽事中嶄露頭角，多年來連番征戰，已在國際女子棒球平台打出天下，現時世界排名第十。

棒球代表隊出外參加國際賽，從來也不是傳媒關注的優次，報道篇幅也不多，而且僅限於少數體育傳媒。但 2010 年第四屆世界盃女子棒球賽一役，女子港隊的動向卻成了港聞版的報道內容。

「比賽在委內瑞拉舉行，由於當地政局不穩，來自各地的參賽隊伍分成兩組，一組在首都軍營內的棒球場內進行，另一組則到郊區。我們獲安排在首都。當時首場賽事輸波，第二場則對荷蘭，原本大家都決心要贏那場賽事，達成世界盃第一勝的夢想！」

雙方打至第三局換局期間，楊杰玲從一壘把球傳往三壘，但三壘手卓莞爾（Air）卻未有接住傳球，突然跪了下來。

「最初還以為她抽筋，我們上前了解時卻發現她左腳小腿有血滲出，腿上有微細小孔，我一看後，大喊『是中槍啊』，其中一位是醫生的隊友上前確認後，大會即安排 Air 送院治療。隊中只有十來歲的隊友，嚇得哭個不停。」

當晚手術過後，從 Air 小腿中取出 9mm 真彈！

「起初我看到小腿流血不多，傷口不大，還以為是她被氣槍射中……手術後才知道是真槍。回港後收到委內瑞拉方面的正式報告，指 Air 的槍傷源於軍營外 1,500 米外一個貧民區的槍戰，有流彈彈上天後再斜插 Air 的小腿。慶幸 Air 那次沒傷及神經線與大血管，只灼傷肌肉。」

卓莞爾 2018 年參加完美國舉行的第八屆世界盃女子棒球賽後，正式退役。

港荷大戰期間發生槍傷事件後，港隊宣佈退出賽事。

「當時領隊叫大家閉眼舉手投票，最後決定退出回港。他們的說法是，哪怕只有一位球員舉手退出，整隊人也要回去。」

女子港隊因是次賽事中沒任何名次，故無緣參加隨後在 2012 年於加拿大舉辦的世界盃，要在四年後才得以再戰世界盃賽事，並終嘗世界盃一勝的夢想。

女子港隊主將

當能力大遇上責任大時……

劉芷芊

小女孩不愛毛公仔，卻獨愛拿起小圓球，在球場上跟其他男生比拚狂奔。小時候純屬貪玩，成長期卻把責任扛上身。自從 14 歲那年首次代表香港出征世界盃後，她就為自己更新目標——把香港女子棒球代表隊的成績推得更高更好。她是港隊游擊手，劉芷芊。

球隊中能當游擊手的，反應和身手都要夠快夠準，跑速慢一點也難勝任。

「我跑得很快！小時候比許多男隊友跑得還快，他們都是現役港隊啊！」劉芷芊的自我肯定，源於她的天生異稟，除了神速，還有神力。

「小學五、六年級，先後在九龍北學界運動會、全港學界運動會中，奪得擲壘球冠軍。初中跑 400，曾於全港學界 C Grade 跑第二。中三後，還加了擲標槍和擲鐵餅，成績尚算不錯，其中標槍更是首二名次。」

都是許多棒球人的二三事。中小學或學界運動會上，總成為跑步、擲壘球、擲鐵餅等田徑項目的贏家。當年升中一，全港數一數二的傳統女校就是瞧準阿芊是擲壘球的健兒；A-Level 成績不是預期，能夠入讀心儀大學，也全賴她在鐵餅、標槍的學界成績。

「從小接受棒球訓練的，練習都是圍繞傳接球、投球等，臂力必然異於常人。跑得快嗎？應該是因為我常被教練罰跑圈吧！」

12 歲那年起，阿芊與胡子彤等隊友連續三年參加香港少棒聯盟明星隊（All Star）的訓練。

「每年每隊少棒球隊也按傳統選出兩名球員參加 All Star 為期兩個月的訓練，最終獲選的 20 名球員出外打比賽。在我 Major 最後一年，我跟子彤在 Athletics 球會，同被球會選出來參加 All Star 甄選訓練。那年，負責訓練的是位日籍教練，他打出來的

球又快又勁，很難接。但接不到的話，就要罰跑。最初真的接不到，不斷被罰。每次罰跑，要從 left field foul pole（左外野邊線標誌杆）衝去 right field foul pole（右外野邊線標誌杆），來回大約二、三百米距離。」

如是者，兩、三個小時的訓練，阿芊幾乎停不了在跑啊跑、衝啊衝。她的跑勁，源自天賦，更不能沒有後天的訓練有素。

「All Star 訓練時，隊中的日籍隊友很好，很鼓勵我嘗試，雖然大家都不太懂大家的語言。那時候才發現，原來外籍球隊跟我一直參加的『華仔會』（華人少棒球會）如此大不同，他們除了球技水平較高，較能掌握球場上的節奏外，參與氣氛也較積極和主動，很樂意跟隊友一起提升技術。」

阿芊因為怕波，自言在 12 歲前，球場上的至強本領，就是「閃、避」球。

「最怕是接地波，因為一彈一彈的，不知彈到哪裏去。尤其那些球速快的傳球或擊球，我從小已懂得如何避開，所以我甚少因被球擊中而受傷。」

阿芊對小圓球的驚恐，源於她的棒球初體驗。

「幼稚園 K2 時，哥哥到觀塘棒球會訓練，爸爸也把我帶去，記憶中也有跟同齡的小朋友一起練習。那裏練習打擊時會開動發球機，或許當時年紀小的我，搞不清那部機為何突然飛出球來，因而嚇壞了也不自知，從此很怕波。之後的練習或比賽，打擊時經常擊不中球，又被對方投手三振出局，就是這緣故吧！」

常說要克服心理陰影，就要跟它正面撞擊。那趟香港少棒聯盟明星隊的甄選訓練後，驚波這回事，成了阿芊的期間限定。

「不想再被罰跑。太樣衰了吧！硬住頭皮都要擋要接，就算如何懼怕，都要把球接實。」

「之前在 Little League（香港少棒聯盟）球隊，我最出名就是驚波，教練們無一不知，但只是說『不要驚』，卻沒有任何方法。All Star 的訓練裏，我見識了更快更勁的傳球或投球，雖是短短兩個月訓練，但回到自己球會後，無論是由教練或球員打擊出來的球，已不如以往般難接。能接下，自然不再怕。正如你覺得廿四味很苦，飲慣了又怎會再覺得齋啡苦！」

儘管，那年的 All Star 甄選，阿芊不在參賽球員之列，但若果要為那個階段性的表現找形容詞，阿芊會用上「獲益良多」。

「我的意志力，也是從那時候磨練出來。」

但，原來又是跑。阿芊最不情願的。

「試過一次，我和子彤等隊友一齊扭計，大家都不想跑圈！」

精準一點，是衝圈。每次訓練前，日籍教練都要求所有球員在訓練前先行衝圈。一衝就要衝五個，而且須於十分鐘內完成。

那年，All Star 訓練在獅子山郊野公園的球場內進行。繞一圈大

概四、五百米。

「太辛苦了！每次訓練都要跑。當日我們拉鋸了好一會，在場家長沒一個能勸服我們，於是陸續致電求救。我媽找來我爸。」

一個是家中至高權威，一個三兄妹中排行最細。高下立見。

「電話裏，爸爸罵個不停，大概記得是多番提醒我要堅持啊！不要放棄啊！不嘗試便認輸怎麼行啊……」

爸爸訓話完畢，女兒隨隊友們衝圈去。

劉芷芊的小腳板首次踏進球場，除有哥哥作伴，還有爸爸全程撐場。

「他比我更熱愛棒球！」

芷芊和哥哥同於香港少棒聯盟的球隊成長，劉爸爸準是對少棒聯盟推崇的棒球大家庭文化情有獨鍾，球隊需要怎麼樣的角色，他也樂意奉陪。從打理球隊大小事務的領隊，到訓練時當助教、比賽時變身裁判……

劉爸爸投入，也期待女兒如他般熱血。中三那年，阿芊想過為了專心準備會考，稍稍暫停每周到球場的棒球訓練生活。

「爸爸不准許啊！因為按 Little League 的傳統，只要球員連續七年參加 Little League 比賽的話，便可獲頒獎盃之類的『老人牌』以示獎勵。他無論如何也要我繼續打，覺得做任何事也要

有始有終。」

跟那次 All Star 不想衝圈事件一樣，劉芷芊最終也是反對無效。

爸爸在家中肯定是權威沒錯；球場上，他也有機會是最高的執法權威，跟阿芊從不同角度閱讀球賽。

「爸爸在我中學時期考了香港棒總的註冊裁判，但主要還是在 Little League 的賽事中執法。數年前，棒總尚未舉辦少棒賽事，我帶深水埗 1 Minor 參加 Little League 聯賽。每次跟他同場，總有機會吵鬧收場。」

劉爸爸就是拚起勁地維護裁判的權威。

「當我對裁判的 judgement 存疑，例如好壞球、好球區等，作為教練，不管場內的是哪位裁判，叫暫停向他問清問楚也很理所當然，加上很多時其實是必做的 gesture。球場上的家長，懂棒球的實在不少，他們都看着我如何回應啊！」

教練與裁判在球場上的意見之爭，常見於各大小球賽。美國職業棒球大聯盟（MLB）的教練被裁判驅逐出場之事也時有發生。雖說劉教練從未被劉裁判趕離場，但雙方對各自立場與原則的堅執，從球場的戰線一直往外延伸……

「我們在球場爭拗過後，回到家中，他又再次挑起紛爭。很多都是不太理性的指罵，例如說我在球場的態度惡劣，教壞小朋友云云。後來我索性在比賽後不回家吃晚飯，免得傷了大家和氣。」

年紀小小的劉芷芊（中）已隨父親（右一）到球場參加棒球訓練。

父女倆棒球場上的執拗，近年已清零。因着劉芷芊當教練的深水埗棒球會，數年前起從香港少棒聯盟的聯賽，轉戰由香港棒總舉辦的少棒賽事，二人在球場碰面的機會微乎其微。但更多的是劉爸爸的權威氣燄，已大大收火。

「年紀大了吧！明年他已屆退休之齡。但每到球季，周日也會預留時間幫忙 Little League 的聯賽做裁判，他真的很熱愛棒球。他的熱愛，甚至帶動我們一家投進棒球運動的世界，他自己不用說了，哥哥一直至中學畢業才沒再打棒球，媽媽以前有空就到球場幫忙做 scorer，又曾在我參加的 All Star 賽事中當隨團隊媽；就算姊姊沒有入隊，但小時候仍在我們訓練時跟出跟入，

1　　深水埗棒球會，創辦於 2000 年，現為全港最具規模的地區球會。

每次跟她玩與棒球相關的電子遊戲，她總是贏家！」

「棒球運動是家庭運動，同時也是要耗費金錢與時間的運動，而且是整個家庭一起付出。周六陪練習，好天曬落雨淋，周日有比賽，一打就是大半天。從爸媽身上，我看到那種對棒球運動的堅毅，沒這種堅毅，我也難繼續參與這項運動，更談不上能夠得到任何成就。」

學生時期，每周兩至三日訓練是基本步；畢業後踏足社會，球場上的日子沒減反增──球會練習、港隊恆常訓練、國際賽事前加操⋯⋯

「我們都是業餘運動員，各有全職工作，曾有隊友是醫生、老師，也有工程師等，大家放工後就到球場練波，每次練三句鐘，然後翌日晨早開工⋯⋯能夠堅持，得靠大家對堅毅的執着。」

劉芷芊現職運動科學相關的工作。本科是運動與健康，碩士學位也跟運動有關。

如她說，沒棒球，她的人生比平庸更平庸。

「我的當下，也是棒球給我！沒有從小的棒球訓練，學界運動會的頒獎禮上，較難有我的出現，那中學也勢難考進名校，也難入讀心儀大學，修讀自己喜歡的科目。」

阿芊對爸媽為她挑選棒球運動，沒懸念是百分百讚。雖然，誰也沒想過，從小怕波的小不點，多年後會成為球場內外的鎂光燈焦點。

2006 年，香港女子棒球代表隊出隊，參加在台灣舉行的第二屆世界盃女子棒球賽（世界盃）。世界盃由世界棒壘球聯盟（WBSC）主辦，在女子棒球界中屬最具代表性的國際賽事之一。阿芊以 14 歲之齡入隊，成為陣中最年輕的正選球員。

「那年代對參加者的歲數限制方面沒有現時那麼嚴格，剛巧香港女子棒球成隊沒多久，質素不平均，加上隊中如我般從小接受棒球訓練的女生亦不多，所以才有機會成為代表隊之一。」

從那年起，阿芊自覺球技方面有大躍進。不是她自吹自擂，國際賽事平台的成績就是真相。

「以前一直覺得棒球很細小，很難擊中，但在世界盃賽事中，我有安打啊！突然覺得打擊不是一件難事，事情好像一夜之間發生了逆轉，但我解釋不到。」

那是許多棒球人也有過的蛻變經歷。他們一般的說法，日積月累的訓練當然有功，加上青少年正值增高長肌肉階段，無論速度和力量方面也突然有進帳。

只是，每到這個可以突飛猛進的時候，為數不少的棒球少男少女卻從此別過球場，說的是在九十年代香港棒球總會成立前，因為制度上沒有後續培訓，每到 15 歲的臨界點，男生或當助教甚或離場，女生就轉打壘球。但劉芷芊從未想過要對棒球運動移情。

「到海外參加國際賽多了，見識到原來女生打棒球的黃金年齡，可以是二、三十歲。既然從小已投放許多時間練習，何不繼續堅持？」

小時候，阿芊接觸棒球沒多久，便逐漸讓它與自己的小小世界連結。

「我們在屋邨長大，剛好住的地方每個樓層的公共空間尤其大，我跟哥哥姊姊常常在電梯大堂玩跑壘上壘遊戲，每人各自站在大大的地磚上，指令一出，便開始跑⋯⋯我們的單位位於走廊末端，隔鄰就是爺爺嫲嫲居住的單位。由於走廊特別長，我跟哥哥就在長長的走廊上練波，有時用 Kenko 波 2 練傳接球，有時用海綿棒練打擊，曾試過一不小心，把鄰居門外的香爐弄翻。最大一次意外，就是我把球用力投出，哥哥接不住，剛巧走廊尾的百葉窗有個窗葉之間的空位，那個球直穿過窗葉，掉到樓下的休憩公園！幸好那時已天黑，沒途人經過。」

都說劉芷芊的臂力不同凡響。從小闖進男生主導的運動，球場上要跟異性隊友較勁，她絕對不輸人也不輸陣。

「從來也不覺女生玩棒球是格格不入的事情，我在香港仔Dodgers 球隊時，同期也有四位女生。其實女生在十二、三歲前，不論在力量或速度上也不比男生差！」

那是阿芊實實在在的經歷。球場上，共享勝敗榮與辱的、相互比拚爭輸贏的，都是跟她一起成長的男生們。

那年在香港少棒聯盟的 Major All Star 落選後，劉芷芊在隨後的兩年 Junior All Star，再獲教練推薦參加甄選，還成功獲選參加 All Star 亞太區錦標賽（Asia Pacific Regional Tournament）。

「我跟子彤等隊友，齊齊參加甄選，齊齊入選。首年也許因為競爭性沒往常大，相對容易！約 20 名入選球員中，除了我，另有一名女隊友。翌年的競爭性則較大，但我仍成功入選，且全隊之中只有我是女生。」

2005 年，All Star 亞太區錦標賽在美國位於太平洋上的天寧島舉行。劉芷芊與隊友們共打了五場賽事，雖沒一場勝仗，但肯定是為她開闊眼界。

「打贏便可以去美國威廉波特（Williamsport）打世界少棒聯盟的 World Series。已忘記賽事成績，反正就是輸！但到達那裏，才知那裏原是二次大戰兩顆原子彈裝載起飛的地方，比香港細

2　　Kenko 波：軟式棒球。常用於日本少棒賽事。

小的島嶼也有一個可供比賽用的棒球場……」

阿芊首次隻身離港，非為球隊披上戰衣，而是一趟難得的棒球體驗，目的地是她從未到過的日本。

2003 年，世界少年棒球大會（WCBF）[3] 在日本舉行，主辦單位透過香港棒總，邀請本地少棒球員參加交流活動。棒總透過簡單甄選，選出五個小球員代表香港出席，劉芊芊是其中一位，也是唯一女生。

香港少棒聯盟年代，少棒球員入選明星隊 All Star，幾乎是到海外比賽的唯一途徑。後來香港棒球總會在 1992 年成立後，陸續為本地少棒及成棒球員開拓許多參與國際賽事和交流活動的機會。

「曾聽參加過的隊友說很值得參加，所以報名。棒總的 try out 只是跑圈、傳接球等，算不上太難。另外有類似 group interview 的自我介紹，以及才藝表演等，記憶中我好像表演唱歌吧！最終我和子彤也是入選之列。」

除香港外，還有來自中國、美國、韓國等地約百多位少棒球員獲邀參加。活動為期約一星期，主辦單位為參加者安排了棒球相關的遊戲和特色練習，還有不能錯過的軟式棒球友誼賽。

活動尚未開始，阿芊和胡子彤等五位香港小代表，已遇上驚喜。

「各參加者也獲大會送贈棒球服、手套、球棒、頭盔和釘鞋等裝備。」

阿芊首次出外，還要收到厚禮，有關那個活動的一切，她都打滿分。

「都是很愉快的體驗，大家都超開心！我們住進 Dorm 裏，類似麥理浩夫人度假村。男生瞓榻榻米，女生就獲安排住進一間大房，內有四張上下格床，除了我，還有中國女生，其餘都是外國人。」

「之後出外打少棒賽事，隊友全是男生，我常常獲安排自己一人的房間。」

3　　WCBF：The World Children's Baseball Fair，第一屆於 1990 年在美國洛杉磯舉行。

少棒賽事，本地也好，海外也好，從沒男子隊或女子隊之分，至今也是。都說是男生主導的運動，難得遇上有家長願意把女兒帶到球場放跑，而女生願意跑，方方面面的能力也跟男隊友匹敵的話，教練馬上把她訓練成球隊中堅，組成男女混合隊參加聯賽，也合情合理吧！雖然，混合隊內，往往只得劉芷芊一名女生。

「習慣了！多年來也是跟男隊友一起訓練、一起參加本地及海外賽事。雖說少棒時代男女生在技術、速度和體能的分別不算大，但成長發展到某個位時，表現再好的女生，也敵不過男生的力量。他們力量太強了。當女子隊比賽時，既然大家都難以透過力量取得壓倒性勝利，只能在戰術和技巧上多加訓練，例如在傳接球的動作上做得更快更仔細。這個是女子隊比男子隊可以做得更好的優勢。」

數年前，劉芷芊自覺掉進運動周期的谷底，某天跟男子港隊總教練區學良[4]傾談，對方建議她來個大膽嘗試。

「區 sir 跟我說：『阿芊，想進步的話，可過來跟男子隊一起訓練。』當時想，那是我從未想過的方法，為何不試？於是我問准女子隊總教練細區 sir（區穎良），每星期除三至四日女子隊的恆常練習外，再加一至兩日隨男子隊訓練。」

「男子港隊教練曾 sir [5] 很好，每次安排男子隊打 friendly game，也預我參與……但好幾年沒跟男生一起訓練了，大多都是從少棒年代認識的，不是隊友就是比賽場上的對手。那時彼此的技術與能力沒多大分別，但各自參加港隊後，再次在球場上與大家球來球往，感覺已大不同。他們無論在力量和速度上

也進步許多。」

大概兩個月後，阿芊「特訓」完畢，她對自己的成績表蠻滿意。儘管，流言蜚語在球場內滿場飛。

「曾有隊友說『這不就是嫌棄我們水平差』，也有人說我『不擇手段』云云，聽到後當然有少少 upset，但當一個人想進步時，那些滿街都是的無謂事情，就可以不理。」

球員能力高，球隊水平就會提升。阿芊就是單純地用上這個邏輯。只要有機會進步的，她也想嘗試。

「2018 年女子世界盃[6]時見過有其他隊的球員打出 home run（全壘打），我也很想有能力打 home run！對男子隊而言，打擊打出 home run，不是難事，但對女球員而言，不論是香港隊或其他外地強隊，打 home run 並非說打便能打！」

全壘打，除卻技術，更多的是力量的體現。對職棒男球員而言，每個球季平均能打出四、五十支全壘打的，可說是隨手拈來。日本是最早發展女子職棒之地，曾有報道[7]指聯盟最強打者岩谷美里在單季全壘打的紀錄，共五支。

4　區學良：男子港隊總教練，自 2006 年起加入香港棒球總會出任董事，現為棒總副主席，主力發展精英培訓。其胞弟為區穎良。

5　曾健忠：前港隊投手，已退役，現為男子港隊教練，並於香港仔棒球會任教。

6　2018 年第八屆世界盃女子棒球賽（Women's Baseball World Cup），由世界棒壘球聯盟（WBSC）主辦。當屆在美國佛羅里達州舉行，共 12 隊參賽。

7　網媒《運動視界》，參看 2019 年 4 月 19 日題為「棒球日本女子職棒的巨砲打者：岩谷美里」之報道。

雖說起步和發展的基準都不盡相同，數字僅供參考，但多少也能看出全壘打這回事，男與女是如何大不同。

「2018 年世界盃回來後，我把想打 home run 一事，跟細區 sir 商量。最初還以為他可能會跟其他教練一樣，建議我放棄，但他想了想後跟我說：也不是沒可能的事！還提供一些方法和訓練，例如 launch angle（擊球角度）要有變化，揮棒軌跡就要改變，想速度加強，便得改善體能，旋轉力量也要夠大等等。都是協助我完成目標的方法。」

區穎良是女子港隊總教練，也是深水埗棒球會總教練。劉芷芊在 Athletics 球會打青少棒 Junior 時，區穎良正是她的教練。

「我跟細區 sir 既是教練與球員，彼此也是球會的同事。最初入深水埗棒球會教波，也是他找我。」

從 T-Ball 訓練班到港隊，劉芷芊這麼年來遇過的教練中，特別深刻有印象的，魔鬼與天使也有，行為表現與教學方法往往站在兩個極端之上。

「當做不到某教練的要求時，被罵被罰是幾乎沒例外，但問題到那裏就止住，如何解決呢？如何幫球員達到教練認為的水平呢？曾試過一次打世界盃，教練即場給我的戰術指令是打 hit and run <u>8</u>，即投手無論投出怎麼樣的球，我也要揮棒將球打出，還要往反方向打。剛巧那投出的球是埋身球，不是 outside 波，我只能用拉打 <u>9</u>，無法按教練指示推打 <u>10</u>。結局我打了個高波到左外野，被殺了，無法推進，但當時一壘有跑者，不致令跑者同時被殺，也不算是最壞的情況。但我回到休息室，即被教練放聲大罵道：『拉拉拉！你就只懂拉打！』但他顯然是沒想過那個是埋身球，我不得不拉打！」

「後來在一次港隊練習時，剛巧練 hit and run 戰術。自從那次被教練大罵後，每次聽見 hit and run，便下意識地硬把波打到反方向，但細區 sir 跟我說，『可以照拉打，拉向三壘方向。』因為他也知道埋身球難打，既然是埋身球，那就想方法把眼前的事做好。」

<u>8</u>　hit and run：賽事中戰術的一種。當壘上有人時，教練向擊球員作出 hit and run 戰術指令，擊球員須作好揮棒準備，不論是好球或壞球，目的是當投手投出球後，壘上的隊友跑壘員能夠立刻往下一壘跑，以達到推進上壘之目的。

<u>9</u>　拉打：常用應付內角球的擊球方法

<u>10</u>　推打：常用應付外角球的擊球方法

這叫變通，也為球員想方設法解決眼前的問題。劉芷芊看到的，還有更多。

「細區 sir 有別於我遇過的許多教練，他本身對棒球運動的知識很豐富，當知道球員遇上問題，很樂意提出解決方法。正如我跟他說想有能力打 home run，他提供了練習方法，嘗試過後發現不太理想，他又繼續想其他方法……他教我們的不只技術，是作為球員、教練，甚至作為一個人應該有的態度。他對於許多球員成長而言，是很好的 role model。」

劉芷芊現役港隊游擊手，但她 14 歲入港隊時司職投手，也當過捕手。

「投手的確好刺激，全世界望住你如何一對一單打獨鬥。記得一次有教練問女子隊有沒有人想試轉側投，我見無人舉手，於是提出想嘗試，但教練卻跟我說：『你啊？身形不高，手又短啊！』」

阿芊的個子可以短小來形容。她最是明白，這是當投手的逆天條件。細區 sir 也是過來人。

「我是個好勝但理性的人，就是知道矮小的球員不利於當投手，加上自己是燥底人，臨場心理質素很容易受影響。我也跟細區 sir 討論過。其實我清楚明白，我絕對不是有能力三振對方擊球員出局的投手，只能盡量投球給擊球員打，但問題來了，當擊球員把球打出後，我們的野手是否有能力守得好？若我不做投手，轉做野手出去守，或許其他當投手的隊友會相對較輕鬆，不太需要擔心防守能力，全心應付對隊的擊球員。這安排，是否對球隊的利益最大？」

劉芷芊那捨己為球隊的想法，細區 sir 認同。大概 2016 年起，阿芊從投手丘退下來，專注游擊手訓練。

「游擊位置屬內野手，技術上傳接球能力要強，例如接地波後再準確地傳到一壘等，應變上需要面對很多狀況和變化，即時作出回應。這個較符合我的性格，較自由奔放。」

劉芷芊自 5 歲起踏足球場，今年她年屆 29。論球齡論經驗論技術，也冠絕女子港隊，至今已先後五次代表香港參加國際賽事。劉芷芊歷年在國際球場上衝鋒陷陣，原來相當吸睛。

「曾有日本隊球員在比賽後跟我說『認得我』，說是那場比賽中跟我對壘；也有其他外隊的教練或球員，也主動走過來讚我打得好⋯⋯」

無價的獎賞，是對阿芊球員生涯的肯定。

2017 年，她去了一趟日本。

「我覺得這輩子無論如何也要一試！」

劉芷芊隻身到大阪參加當地的年度職棒選秀大會。成功入選者，有機會加盟日本女子職棒聯盟，成為職棒選手。這是阿芊久不久會發的夢。

「首天進入球場，按指示分別進行跑壘、傳接、打擊等單項測試。完成首天測試後，即日公佈可以進入第二日測試的名單。我當然成不了入選之列。」

那年只阿芊一位來自香港的球員；翌年，她聽聞有兩位台灣球員被選中。

阿芊明知選中機會微，但也要把這個職棒夢好好發完。

「有些事情不嘗試過，是不會甘心的。我自覺技術在香港女子棒球界中，算得上是數一數二。」那年她剛好 25 歲，仍處於運動員的最佳狀態。

「我住進大阪履正社 11 內一位監督的家裏。雖然選不中，每天

起來就跟那裏的學生們一起訓練。早上隨大學生，下午隨高中生，連續四天後，我的手疲勞到一個點！但很好的體驗，短短數天訓練已能在技術上提升。」

數年後的今天，劉芷芊對再續職棒夢，已是零感覺。

「年紀也不小了！我很理性的，懂得知所進退。」

退一步後，阿芊想身體力行做好教練角色。

11　履正社高校：Riseisha Gakuen Toyonaka Junior High School，當地一所高中，曾奪夏季甲子園冠軍。

劉芷芊早於中六起就在深水埗棒球會任教。

「這刻我喜歡當教練多於球員。」

女子港隊的平均年齡，由最初組成的三十來歲，到現在廿六、七歲。阿芊有計劃退役，也尋常不過。

「最初入港隊，純粹球員身份，除了打波就是打波，每天唯一目標就是令自己有好的表現。後來多了教練身份，慢慢覺得，自己有種責任輔助師妹們，讓她們 perform 得更好，正如我當初入港隊一樣。」

阿芊任教練的經驗，早於中六那年起。她跟現役港隊捕手兼隊長譚浩賢在深水埗棒球會教 Minor。現時主要教 U 11。

「小時候曾聽爸媽說過，原有一位九歲球員很具潛質的，但因為給教練日罵夜罵，自信心被打沉了，最終放棄以後不再參加球會訓練。」

這警號，常常跑出來提醒劉芷芊。尤在她當教練的時候。

「類似的事情絕對不能再次發生！興趣很重要，要想法子讓球員感到棒球是有趣，訓練是有趣，他們才會留下來，繼續學習，繼續提升技術，把球場上的勝仗定為目標，讓球員在良好的循環中成長，而不是揠苗助長。教練的責任，就是在旁幫他們一把，當知道他們遇到難題或走進樽頸位，就盡量為他們想出解決方法。」

她的教學理念，早已落地生根。

「我最重視球員的責任感，所以我讓球會的球員自定賞罰規條，例如在多少分鐘內無法完成執拾裝備的話，即要受罰。罰什麼呢？是罰跑圈？跑多少個？都是由他們自定。當他們經歷過，發現需要加快步伐執拾裝備才可免被罰，又或提出延長執拾時間等，過程中，大家總是有商有量，也學懂一個棒球大家庭內需要分工合作，承擔責任。」

劉芷芊以「震撼教育」為自己的教學法命名。那是她過去在球場訓練的總結，也是她曾修讀心理學的領略。

「有機會的話，也想教女子港隊，善用我在運動科學的知識，替大家分析，如何更好地提升技術……有機會的話，也想把運動心理相關題目作為博士學位的研究。」

劉芷芊跟現役港隊捕手兼隊長譚浩賢（賢姆指者），最初一同在深水埗棒球會教 Minor。現時阿芊主要在球會內教 U 11。

阿芊的棒球生命，快要走到另一個層次。

「你想往外撒的種子將來是怎個模樣，他或她就成怎個模樣！當自己成為有一定影響力的人，就想一個影響十個，如此類推⋯⋯」

教練 Paul sir 的正向教育

阿芊對教練的定義，絕大部分是從細區 sir 那裏套用過來的，也有部分是在深水埗棒球會遇過的 Paul sir。

Paul sir 姓甚名誰？阿芊早已沒印象，反而他的正向教育最值得家傳戶曉。

「Minor 那時轉到深水埗的 Aliens，湊巧是 Paul sir 教。是他令我突然發現，原來打棒球是可以很開心很好玩的。之前遇上的教練，訓練不達標或比賽出現失誤，很多時都只懂罵球員這樣不對那樣不對。我有失誤，我也很不開心，還要被教練大罵，負面情緒便一直積累下去，只會影響對棒球運動的學習動機。例如打擊打得不好，教練就只懂說『你的手踭太低』，但手踭太低之後又怎樣呢？該如何改善才能打得好？」

Paul sir 只在 Aliens 任教短短一年，但那一年，足以令阿芊抹走過去對許多教練的魔鬼印象。

「原來教練可以這樣好！雖然 Paul sir 未必帶給我們許多技術改進，但大家的學習氣氛很好。例如比賽期間每一局完畢，其他球隊教練或要求球員要企得筆直的聽訓話，但 Paul sir 就習慣跟大家 hi five，然後鼓勵大家舊事已過，要把它忘記，盡力做好眼前的。他的教學法很正面，最是能夠留住小朋友對棒球的興趣，只要有興趣，才能繼續堅持。」

兩代球員對談
——棒球世界

圖左：胡子彤（彤），棒球運動員。在電影《點·五步》中飾演沙燕隊捕手細威，第 36 屆香港電影金像獎最佳新演員。

圖右：梁宇聰（聰），港隊投手，已退役。香港女子棒球代表隊教練。

問：對棒球運動有多熱血？

聰：記得在 2009 年，我剛剛結婚，已經有小朋友，但當時可說是「拋妻棄子」，因為有機會可以隨一隊（台灣）職棒隊集訓。當時剛剛結婚，既要供樓，小朋友又要尿片奶粉錢……但當年竟然為了棒球而離開香港、離開太太，去進行兩星期的集訓！是否換來金錢的利益？不是，全部也是自費的。為的只是自己的進步，為港隊之後很重要的比賽，想爭取少少好成績。

回想起來，那時候用一萬幾千元 book 酒店、買機票，還有兩星期的食宿……就這樣過去訓練，我覺得很瘋狂，也可說是很熱血。

跟當地職棒球員聊天時，對方問：阿聰，誰叫你過來的？是否教練逼你過來？我說：不是。我自己過來的。對方很愕然說：

你自己過來？想進步是否因為想加人工？我說沒有哦！對方再問：你想練好一點，是否因為有獎金？我答不是喔！我贏了也不會有獎金。對方再驚訝地問：那你過來作什麼？我答：我只想打得好一點點。他們覺得很詭異，但我覺得很值得。

其實回想起來真的很瘋狂，假如我是我太太，丈夫突然要離港，但才結婚兩年，出生沒多久的兒子仍是手抱中，竟然要離開兩星期，為的是要去打波？對呀！我那時候就是這樣子。

彤：我也是分享 2009 年發生的事。那年我會考，大家都會覺得我應該停一停（訓練），先溫書，但我一日也沒有停下來，一次訓練也沒有停過，繼續如常練波。當年我應該是 17 歲，因為要準備類似亞洲賽的賽事，而沒有停過訓練，完全沒有溫書。我媽媽勸我：你要想清想楚啊！先停一停（訓練）吧！但正如聰 sir 所言，那刻覺得那場比賽對自己而言，比任何事情也更重要，所以他拋妻棄子，我便拋低所有學業，差點兒與我媽媽反面。

問：最值得尊重的棒球前輩……

聰：最尊敬的三位棒球前輩，也是姓區的。其中一位，現與我一起教女子港隊，區穎良先生，還有他的哥哥區學良，以及一位很尊敬、現已在天堂的、區氏兄弟的爸爸。三人也教過我，他們比我更加尊重棒球，一生人彷彿就是為了棒球而活。先說區穎良，他身形不好，比較矮小，但他的技術任何人也嘆為觀止，因為他肯定比我們更加努力！他到今天任何事情也是為棒球而付出，不論時間、金錢、心機，以及幫忙搞地區球會等，讓小朋友得以開開心心地參與棒球運動。他是徹頭徹尾的棒球人。

他的哥哥區學良先生，我從未遇過似他這樣愛棒球的教練。

相信不少香港棒球教練會把教練費放第二或第三位，我也一樣。說實在的，假如沒有教練費，不能維持基本生活的話，我也未必會繼續當教練。但區學良先生，真的令我嘆為觀止，他不但不理會究竟有沒有教練費，為了想香港隊有更加好的成績，還自掏腰包出錢請其他教練、購買 MLB（美國職業棒球大聯盟）目前也使用的器材，其實可能只是想知道一位投手的轉速方向等等，但他都甘願自費約 10 萬元購買器材，很佩服他亦更尊敬他。

最後是大區生，我小時候他也教過我，我非常尊重這位前輩。記得以前打完波食飯，好快在飯堂食完飯後，便跟一班隊友跑去後面山玩大型繩索。有天跑去玩的途中，遇上區生，心想：弊傢伙！給他捉個正着！當時大區生跟我說：阿聰，你吃飽飯未？我說我吃飽了，然後他說：好的，你過來讓我摸一摸你的肚。摸完後他讓我去玩，還補一句：小心點啊！我覺得一件那麼小的小事，但與他的對話尤其深刻，感覺他很有愛心。

彤：我選不到一位。老實說，棒球最核心的價值就是學長制。要很尊重前輩，可能最終他的技術不及自己，或他在球場上的態度也沒自己好，但只要他是前輩，就要尊重他。前輩在球場上的價值觀至為影響我，當我感受到他對棒球運動的尊重，我就會拿出 120% 尊重他。棒球是團隊運動，隊中一定有其他人的想法和價值觀跟自己不一樣，過程中篩選出一些值得尊重的前輩或學長，剛才聰 sir 提及的三位區先生，以及聰 sir 他本人，另外還有曾健忠、Raymond sir、吳旭明、張安橋等等，他們也是看着我成長的，球場上教技術，出隊時也一直影響我，甚至是我哥哥，我也曾跟他一起出隊。聰 sir 有之前的前輩傳承給他，他再傳承下去。雖然我已經沒有再在棒球圈，但也希望這尊重的文化能夠在棒球圈傳承。所有我稱之為前輩或學長的，我一定很尊重。

問：假如沒有_____，就沒有今日的我。

彤：假如沒有棒球，就沒有今日的我。我常常說，若沒有棒球我便無法認識與我出生入死的兄弟，也難遇上一班教練、一班學長。最重要是，棒球運動令我心智成熟，在球場上面對的一切，能應用到我的工作上，以相同態度和專注認真去應對。所以沒有棒球便沒有今日的我。

聰：沒有我媽媽便沒有我。媽媽是一個很值得我尊敬的人，我為人很孝順，與我相熟的人便知道。因為我真的很愛我媽媽。其實是我媽媽帶我去接觸棒球，只要我有比賽，媽媽也必定到現場看，她是我的超級忠實粉絲。現在就輪到我兒子了！她跟我兒子說：有比賽時便告知嫲嫲。所以每當兒子有比賽，我媽媽也會到。

小時候，媽媽在球場陪伴我，好天曬落雨淋，皮膚曬得黑黝黝的，曾經被人誤會她是外傭！那時候我媽媽幫忙做隊媽，隊媽的意思，是一隊球隊 12 人，12 位球員的家長中，哪一位比較有空便幫忙買午飯、找旅遊巴到球場⋯⋯她是很熱心的家長，令我得以專注投入棒球運動，玩得份外開心。我現在是教練，有些小朋友已學近一年，但我從未見過他們的家長，又或者 10 歲 8 歲的，隨工人姐姐來，又或者自行乘車過來，家長也不是很支持自己小朋友參與這項運動。而我在六、七歲的時候，沒有一次是我自己到球場，全由媽媽帶去，又或者是哥哥駕車載我到球場。說到比賽，媽媽是必然到場，她尤其支持我參與棒球運動。如果沒有了媽媽，我可能不會再參與棒球運動。

彤：很相似，我媽媽也是這樣。在香港所有比賽，媽媽一定到場，Auntie 也是，她倆見面就不停傾談，所以對聰 sir 所說的話很有同感。

問：哪類人最適合打棒球？

彤： 其實任何類型的人也適合棒球運動，因為棒球是團隊運動，不同人的特質可以應用在不同崗位上，例如有領導才能的，可當捕手；身手敏捷的，可以做內野或外野手；很有自信的，例如聰 sir，便可以做投手。我覺得男女老少也適合打棒球。或許你會問，亞洲人身高體形比外國人稍遜，但現世界排名首十位的國家或地區，有四至五個都在亞洲。棒球感覺除是一項力量主導的運動外，其實智慧和技術也很重要，所以任何年齡也適合這項運動。

聰： 除了子彤提及的，我覺得球員要烎皮一點、主動一點、自信一點，當到某一個樽頸位時，因着這些性格特質，有機會比其他球員有較突出的表現。大家可能在訓練量、技術水平等方面差不多，但性格主動、不怕羞、頑皮一點的，最後出來的運動表現會較其他隊友理想。

彤： 這就是從教練角度看及從球員角度看的分別。

問：棒球運動一直最缺的是？

彤： 一定是錢。那時候隨聰 sir 等教練進行訓練時也不時討論過這個問題，大家都認為跟錢有關，但某程度上又不是錢的問題，所以很複雜。如果有錢，便可以擁有一個球場，安排港隊或其他青訓的訓練時間。但這個又牽涉港隊如何能夠有好成績，其中一個是做好青訓。雖然很多事情也跟錢有關，但運動是否有需要與金錢掛鈎呢？這問題很複雜也很矛盾。我們曾經討論多時也未有定案。如果達到職業水平的話，當然可以講錢，但香港這個環境，商業之餘又如何能夠發展體育？未有答案，想來想去也想不通。

聰：認同一定是跟錢有關。接下來有很多「如果」。如果有多些訓練時間、如果毋須封場、如果有五部發球機、如果不限制港隊訓練時間等……這些全部都跟錢有關。若能有一個供香港隊訓練用的棒球場，能夠自行開燈熄燈，已很不一樣！

很多人或會說，港隊每星期已練習四至五日，但其實每日練習時間大概只有三句鐘，甚至有些球員放工後趕來練習，每次最多也只練習兩個多小時，那麼一周最多也是只有八至十個小時吧！我在 2009 年去台灣時，跟天津隊練波，一日也可以練九個小時！那時練習 Free bating，執波時見到整個棒球場也佈滿棒球，一個棒球場很大，從上往下望，草地的綠色和棒球的米黃色比例，竟是差不多！現在香港隊已成熟了許多，也進步了許多，但看看存放在倉內的波，大概有 600 至 700 個，只有在用到某個數量時才能申請購買。而現時有數部發球機，其中有一、兩部是我剛才提及一位很尊敬的教練自掏腰包購買的。以上這些全部也是錢！如果，能夠讓我們用過萬個波、五、六部發球機、十多二十個網檔，再加上青訓等；再想多一點，當打的現役港隊能有收入，而收入可以應付平日的生活開支，毋須顧慮其他，能全心全意每日訓練八至九個鐘的話，比現在應該相差很遠。

問：假如香港有國際標準的棒球場……

聰：其實也尚算有一個棒球場……問題只是能否讓港隊隨意使用。因為也曾經試過很多次，（晒草灣的棒球場）在大賽之前封場。封場原因是為了養草……最諷刺一次是，疫情期間，所有康文署場地也封場，封場期間已不斷在養草，當疫情降溫時，康文署設施逐步開放，卻又剛好到場地每年指定的封場時間，場地管理人說不能租場，因為這段時間是要封場要養草的！但明明疫情期間經已養草，草已很靚，為何當政府宣佈可以

用場的時候，卻仍然要封場？

彤：周邊配套很重要，如無法配合時，即使大家想在工餘時間或返工前多做點訓練，也無法配合。大家可能也願意多付出點，為的是繼續追求夢想，但連這個簡單要求也無法實踐的話，某程度上是頗洩氣的。但大家洩氣完後，也是硬着頭皮向前。只因為大家也鍾意棒球運動，不然的話也不會堅持多年。

問：想過做職業棒球員？

彤：當然有。小時候看聰 sir 等有機會跟職業隊訓練，是一件非常高興的事。我們也曾經到台灣跟職業棒球隊訓練。每天起床後，就是做自己很喜歡的事情，雖然每天訓練完後也是周身骨痛，打棒打至手痛，但仍覺得很爽。我這輩子唯一後悔的，就是中三時沒有去台灣讀書，假如那次我到了台灣讀書，雖然未知道能否有機會做職業棒球員，至少有一個機會去嘗試。但現在連這個機會也沒有！

聰：有。就算現在也很想。我現在的職業是香港女子隊的棒球教練，其實我作為一位棒球教練，已算很敬業樂業，全因為喜歡這項運動，而這項運動能令我獲得一份工作。許多人返工常常看錶，等時間等放工。但我很喜歡教波，看着球員進步，又或者自己技癢時傳一傳球，我覺得很正！更何況職業棒球員，能夠以球員身份為生，是夢寐以求的事。

其實我曾有兩、三次機會做一個職業棒球員，但這些機會卻與我擦身而過。原因是自己的年紀已達某階段。有一次在台灣打亞錦賽，對巴基斯坦時贏了。因為賽事在台灣進行，現場有很多球評，但他們並不是球探，球探是專門找球星，球評純粹是球賽評述。那場賽事結束後，有球評說剛才港隊投

手投得不錯，於是特地找我來問，有沒有興趣到台灣「玩一玩」（意即參加職棒訓練），我答有啊！但當那球評知道我已29歲時，便說：29歲了！繼續留在香港發展吧！

假若我當時年輕一點的話，應該是有機會的（入職棒）。實在是很夢想的一件事……

問：講講男子港隊的成績？

聰：港隊成績是不斷進步中，但同時也受着環境的局限。正如剛才說，（港隊總教練）區學良先生已購買了 MLB 現時最先進的儀器，協助球員提升水平，所有事情也能配合，但只有訓練時間，暫時想不到一個辦法配合。舉例說，現時港隊一位數一數二的投手 Sam 仔，他正值當打的時候，體能各方面也很好，本身也很投入這項運動，每次訓練也必到。但現實是他也需要維持生計，所以他去考消防，要入 camp 訓練，將會半年接觸不到棒球！我相信如在政府部門工作，日後要出外比賽的話，他一定可以請假。但問題是訓練是否足夠？半年後的手感等各方面，能否保持得很好？這就是很多環境因素局限港隊進步。現時很多設施經已很配合，但環境無法配合到。日本台灣不用多說，四周也是棒球場，小朋友從小已訓練走職棒路，因為在日本和台灣，一個棒球員的收入可能比一個明星更理想，尤其日本，簽約 MLB 的話，轉會費是一個天文數字！但香港的情況是，棒球運動員需要自己掏腰包出外打比賽……他是香港隊主投，未來半年，卻需要暫時放棄棒球運動！

彤：我個人來說比較悲觀。可能我已有一段時間沒在棒球圈，能夠抽身旁觀去分析。台灣和日本有那麼多小朋友或青少年繼續投入棒球運動，是因為他們也看到將來有機會當職業棒球員。但香港最大的問題是，剛才提到阿 Sam 的情況，他面

對生活和選擇運動時，某程度是冇得揀！他只能為生活而選擇。

所以即使他在當打的時候，也要退下來。Sam 仔只是其中一個例子。不少與我一起成長的球員，絕對比我優秀，但最終也是因為生活而選擇放棄棒球。其實他們應該是在運動生涯中，在最能夠為香港爭取好成績的時候，卻選擇了放棄。當精英運動員決定放棄的時候，男子棒球隊如何可以爭取好成績呢？當我的前輩也需要面對生活（而選擇放棄），我在這個時候不如別再花時間，不如專心搵食吧！因為實在找不到一個前人能夠有好的出路。若從家長的角度看，也看不到有成功例子，那如何是好？不如做其他工作？以前聰 sir 的年代或我的年代，沒有太多選擇時，能夠有較大機會全程投入棒球運動，但現時選擇太多，不穩定因素也太多……我很希望現時港隊可以爭氣一點，能夠取得一次亞洲盃冠軍，能有一次冠軍已經很足夠。有了一次成績，其他事情便會慢慢改變。

問：香港會有職業棒球？

彤：一定有，只是看看什麼時候會有。可能 50 年後？但不知道。究竟中間要花多少時間呢？花多少心機呢？還有多少個如區氏兩兄弟和區老先生般，如聰 sir 一般的傻佬。我希望我有生之年能夠見到。

聰：我也希望有。也有一些很有心的人，例如李一強先生，他有這方面的目標去發展（搞職棒）。疫情前，他特地租用內地棒球場，籌組了幾隊球隊，自掏腰包帶大家到正式的棒球場打正式賽事，沒有時間限制，不會如藍田晒草灣般，夠鐘就要走！在香港打比賽，一場球賽只 1 小時 45 分鐘，夠鐘便宣佈賽事完畢。冠軍戰呢？可以多給十分鐘至 1 小時 55 分鐘，但也要宣佈完賽。李一強先生組織了幾隊球隊去內地打比賽，

球場內有觀眾席，可以讓觀眾進場觀看賽事。他向這個夢想
進發中。只是，打了數場賽事後便遇上疫情。

問：十年後香港的棒球運動……

彤： 我希望青訓推廣至小學，可以做到不錯的成績，因為現在有
Baseball 5 [1]，而入學後是相當重要的，因為可讓老師及家長
知道香港有棒球運動，再逐步逐步滲透，起碼 Baseball 5 找
到優秀的球員，然後再找他們繼續投入棒球運動。所以我對
十年後的青訓有信心。

聰： 棒球運動不斷發展中，我覺得十年後一定比現在進步。例如場
地，區穎良先生已不斷努力地在找。我一直也有到學校教棒
球，疫情前在兩間小學教班，一放學便跟學生玩兩個小時……

希望在十年後，每逢周六日，也見家長帶着身穿棒球服的小
朋友去球場打波，這裏一個棒球場那裏一個棒球場，很希望
十年後是這樣子。我小時候沒有 Baseball 5，六歲接觸時已
是很硬的棒球，不小心被捽中真的很痛！但現時已發展到有
海綿波、Kenko 波等，近 20 年真的有很大進步。之後的十年
一定是有進步的，但進步如何呢？一定會一天比一天多。記
得以前穿著棒球服時，路人總是指點說：這個是玩劍擊的！
我們背着的背袋，也像極藏着劍擊專用的劍……

彤： 劍擊已算好了。以前我跟別人說我打棒球時，對方表示：香
港有人打棒球的嗎？還問我拿着一支棍來做什麼……但現在不
會了。打棒球很有型啊！見到這些改變，對我們參與棒球運
動的人而言，是一件很開心的事。我相信，即將出現的改變
會愈來愈大。

1　Baseball 5：五人棒球。世界棒壘球總會（WBSC）於 2017 年起開始在各國推
廣。賽事場地毋須如傳統棒球般偌大，隨處皆可玩。參加者連棒球手套也不需
配戴，棒球也只是膠球，而不是傳統的硬波。賽事規則相對精簡，比賽節奏也
較明快。

1．為何香港棒球賽事要設定在 1 小時 45 分鐘內完成？

答：因為香港場地有限關係，能夠在租用場地打足夠場次比較困難，所以有別於外地比賽的九局制，在香港進行一般棒球公開賽是需要設置時限的。但外國棒球賽事則沒有設時限規定。

2．外國有分投手教練、打擊教練等，好處是什麼？香港也有專項教練？

答：棒球需要有投、打、跑、接等訓練，各項的訓練也可以做到深入而精細，所以美國職業棒球大聯盟（MLB）等職棒設有各專項的專家教練為球員進行訓練，例如投手教練、打擊教練、守備教練和跑壘教練。而球隊的總教練把四位專項教練所教的融會貫通後用於日常訓練，再進行賽事佈陣。

在香港，沒有仔細劃分投、打、跑、接的專項教練。只有部分教練因為擅長某個位置，訓練時有較多相關知識和經驗分享。

3．本地青少棒球員要離港到外地讀書，可以有哪些途徑延續棒球訓練？例如容易加入當地校隊或球隊嗎？

答：應先了解即將就讀的學校有沒有校隊或棒球俱樂部，如沒有的話，便上網找找資料，看校區附近有否業餘棒球隊。決定申請入隊前，如想球隊教練預早知道你的能力，不妨預先錄製短片介紹自己，並把最近比賽的數據一併交予球隊，以增加取錄機會。

4.為何女子棒球要採七局制？

答： 其中一個主要原因跟體能有關，女子體能始終不及男子，為
   保護球員，尤其投手，所以把女子棒球局數定為七局，有別
   於男子組賽事的九局制。

5.賽事完結後，球員要進行多謝球場等謝禮。請問是誰定的禮儀？

答： 許多棒球場上的禮儀也是源自日本，而亞洲地區例如台灣也
   較著重禮儀。雖然美國相對沒有如亞洲棒球國家或地區般注
   重禮儀，但仍有不少不成文的規矩，例如球員與球員之間不
   能互相挑釁等。

   棒球是非常著重團隊精神的運動，球場上見到教練、前輩，
   便要除帽點頭，作為感謝他們過往在球壇方面的貢獻。所以，
   許多禮儀細節也跟團體扣連，例如不只自己球隊是團隊，比
   賽對手也是團隊，所以賽事完畢後也要多謝對手讓大家有機
   會對壘；教練也是團隊之一，沒有教練就沒有由他訓練出來
   的球隊，再下來是場內的工作人員、記錄員、裁判、球場等等，
   均缺一不可，至於前來看賽事的觀眾，當中有家人或朋友，
   也是團隊之一。全部也要給謝禮。

6.香港有棒球學校嗎？

答： 香港道教聯合會純陽小學（下稱純陽小學），是全港唯一一所
   擁有棒球場的學校。校內棒球場於 2000 年落成，翌年成立棒
   球校隊，最初期曾與沙田棒球會合作。除棒球校隊外，該校
   在全校的體育課程中亦加入棒球練習，並透過跨學科活動，
   強化學生對棒球運動的認識與興趣。由 2004 年起，純陽小學
   獲校董湯偉奇贊助舉辦每年一度的小學棒球聯賽，名為香港

道教聯合會「湯偉奇主席盃」，吸引不少小學派隊參與。

7・球場上常見教練與球員之間，或球員與球員之間，以手勢暗號示意進行何種戰術，這些暗號是如何訂定的？

答：每隊球隊有不同風格，所做的戰術也有異，而暗號也是按各球隊教練制定出來的。暗號之目的，是在賽事現場讓隊友之間毋需言語也知道想進行什麼戰術，所以會用手勢、暗號等展示想做的戰術。

8・香港少棒公開聯賽中，常見各球隊在每場賽事前決定打擊者的棒次。請問棒次的重要性在於？

答：九個棒次的排列也相當重要。根據過往統計數據，一場比賽中，最先的幾個棒次能夠打擊的次數，相比後面棒次為多，所以教練會把上壘率或擊球率較高的球員放在較前的棒次。至於安打率／擊球率較低的球員，便放在較後的棒次。

　　九個棒次，也各有不同角色。第一棒，是選球能力及上壘率均較高，加上速度較快的球員；第二棒，也是選球能力及上壘率較高，速度較快的球員，再多加一項是戰術運用能力較強；第三至第五棒，是中心棒次，安打率未必最高，但較有能力長打或是強棒；第六至第八棒，其中第八棒是全隊中上壘率及擊球能力最低的球員，第六和第七棒，相對中心棒次的擊球員，較少機會長打，擊球能力一般；最後是第九棒，與第一棒相似，雖然能力沒第一棒高，但也有不錯的擊球率，速度也不太差。九棒的部署，讓教練在戰術運用上較連貫。

9‧除晒草灣遊樂場內的棒球場外,還有其他場地可供棒球訓練或比賽之用?

答:現時康文署轄下可用作棒球練習或比賽的棒球場或足球場,主要有沙田多石棒球場、獅子山公園 1 號和 2 號棒球場、石硤尾配水庫遊樂場的足球場、顯田遊樂場的足球場、東何文田配水庫遊樂場的足球場等。但能夠在場內放置壘包的場地,就只有晒草灣遊樂場內的棒球場、多石棒球場,以及獅子山公園 1 號和 2 號棒球場。

10‧青少棒代表香港出外作賽,有時見棒球服飾上印有香港特區區徽,有時卻沒有印上。那是什麼原故?

答:若出隊隊伍的隊服印有「中國香港」及特區區徽,即是由香港棒球總會甄選出來的香港代表隊。否則,雖然也是由香港棒球總會派出的隊伍,但不具香港代表隊資格,也不能在隊服上印有「中國香港」及特區區徽。

資料提供:香港棒球女子代表隊總教練區穎良、香港棒總裁判學院裁判長黃期、香港棒球男子代表隊投手趙嗣淦

棒球拾夢
——十位棒球人的傳承故事

王思澄　著

責任編輯　　寧礎鋒

書籍設計　　李嘉敏

攝影　　　　程詩穎、成啟聰、翁志偉

剪接　　　　翁志偉、Cora

出版　　　　三聯書店（香港）有限公司

　　　　　　香港北角英皇道四九九號北角工業大廈二十樓

　　　　　　Joint Publishing (H.K.) Co., Ltd.

　　　　　　20/F., North Point Industrial Building,

　　　　　　499 King's Road, North Point, Hong Kong

香港發行　　香港聯合書刊物流有限公司

　　　　　　香港新界荃灣德士古道二二〇至二四八號十六樓

印刷　　　　美雅印刷製本有限公司

　　　　　　香港九龍觀塘榮業街六號四樓 A 室

版次　　　　二〇二一年七月香港第一版第一次印刷

規格　　　　特十六開（150mm × 220mm）二九六面

國際書號　　ISBN 978-962-04-4847-8

三聯書店
http://jointpublishing.com

JPBooks.Plus
http://jpbooks.plus